Welche zentrale Funktion hat die GuV für die Unternehmenssteuerung?

AF875218

?

Sie liefert detaillierte Informationen darüber, aus welchen Quellen die Erträge stammen und welche Kostenstrukturen bestehen. Damit lassen sich Rentabilität, Kostenkontrolle und Preisgestaltung fundiert steuern.

Die Bilanz zeigt den Bestand von Vermögen und Kapital zu einem Stichtag, während die GuV die Erträge und Aufwendungen einer Periode gegenüberstellt, um den unternehmerischen Erfolg (Gewinn oder Verlust) zu ermitteln.

Was ist der Unterschied zwischen Bilanz und Gewinn- und Verlustrechnung (GuV)?

Der Grundsatz der Bilanzklarheit verlangt eine übersichtliche und systematische Gliederung der Bilanzposten. Dadurch wird sichergestellt, dass externe Adressaten wie Banken, Investoren oder Behörden die Finanzlage klar und eindeutig beurteilen können.

Warum ist der Grundsatz der Bilanzklarheit wichtig?

Sie besteht aus der Aktivseite mit Vermögenswerten (Anlage- und Umlaufvermögen) und der Passivseite mit Kapitalquellen (Eigenkapital und Fremdkapital). Die Summe beider Seiten muss aufgrund des Bilanzgleichgewichts immer identisch sein.

Wie gliedert sich die Bilanz grundsätzlich?

Die Bilanz stellt Vermögen und Schulden zu einem Stichtag gegenüber. Sie zeigt die finanzielle Lage des Unternehmens, ermöglicht die Beurteilung von Liquidität, Verschuldungsgrad und Kapitalstruktur und dient als Grundlage für strategische und steuerliche Entscheidungen.

Welchen Zweck erfüllt die Bilanz in einem Kfz-Betrieb?

Verstöße können zu Steuerschätzungen, Bußgeldern oder Strafverfahren führen. Sie beeinträchtigen zudem das Vertrauen von Banken und Geschäftspartnern, können Kreditzusagen gefährden und im schlimmsten Fall zur Gewerbeuntersagung führen.

Welche Konsequenzen können Verstöße gegen die Buchführungspflichten haben?

Die Kassenführung muss alle Einnahmen und Ausgaben einzeln, vollständig, richtig, zeitgerecht und geordnet aufzeichnen. Bei elektronischen Kassensystemen sind die Vorgaben der Kassensicherungsverordnung einzuhalten, einschließlich zertifizierter technischer Sicherheitseinrichtung.

Ein Betrieb erfasst Bareinnahmen täglich in einer Kasse.

Welche Vorschrift gilt hierbei?

Die Inventur ermittelt Art, Menge und Wert aller Vermögensgegenstände und Schulden zu einem bestimmten Stichtag. Sie überprüft, ob Buchbestände und tatsächliche Bestände übereinstimmen, und ist damit eine zentrale Grundlage für eine korrekte Bilanz.

Warum ist die Inventur ein wichtiger Bestandteil der Buchführung?

Soll und Haben sind die beiden Seiten eines Kontos, die Buchungen spiegelbildlich erfassen. Auf Aktivkonten bedeutet Soll eine Zunahme und Haben eine Abnahme; auf Passivkonten ist es umgekehrt. Diese Logik gewährleistet die Ausgeglichenheit der Buchführung.

Was ist der Unterschied zwischen Soll und Haben?

Das Hauptbuch ist das zentrale Verzeichnis aller Geschäftsvorfälle, systematisch nach Konten gegliedert. Es dient der Zusammenführung sämtlicher Buchungen aus den Nebenbüchern und bildet die Grundlage für die Erstellung des Jahresabschlusses.

Welche Hauptaufgaben hat das Hauptbuch?

Die doppelte Buchführung erfasst jeden Vorgang zweifach – einmal auf der Sollseite und einmal auf der Habenseite. Dadurch werden Veränderungen des Vermögens und der Kapitalstruktur gleichzeitig abgebildet, was eine lückenlose Erfolgsermittlung und die Erstellung von Bilanz und GuV ermöglicht.

Was versteht man unter doppelter Buchführung?

Belege sind der rechtliche und buchhalterische Nachweis für jeden Geschäftsvorfall. Sie sichern die Nachprüfbarkeit, verhindern Manipulationen und dienen als Beweismittel gegenüber Finanzbehörden, Banken oder Geschäftspartnern. Ohne Beleg darf keine Buchung erfolgen („Keine Buchung ohne Beleg“).

Ein Werkstattinhaber möchte wissen, warum Belege so wichtig sind.

Die GoB sind ein verbindlicher Rahmen, der fordert, dass Buchungen vollständig, wahrheitsgetreu, zeitnah, nachvollziehbar und geordnet erfolgen. Ziel ist die Sicherstellung einer transparenten Dokumentation, die sowohl interne Auswertungen als auch externe Prüfungen zuverlässig ermöglicht.

Was bedeutet der Grundsatz der ordnungsmäßigen Buchführung (GoB)?

Die Pflicht zur Buchführung ergibt sich aus dem Handelsgesetzbuch (HGB) für Kaufleute, der Abgabenordnung (AO) für steuerliche Zwecke sowie ergänzend aus der Handwerksordnung (HwO).
Sie greift, sobald bestimmte Umsatz- oder Gewinngrenzen überschritten werden, und legt fest, wie Geschäftsvorfälle erfasst, aufbewahrt und offengelegt werden müssen.

Welche gesetzlichen Grundlagen regelt die Buchführungspflicht?

Sie stellt sicher, dass sämtliche Geschäftsvorfälle vollständig, systematisch und nachvollziehbar dokumentiert werden. Damit erfüllt der Betrieb nicht nur steuerliche und handelsrechtliche Vorschriften, sondern schafft auch eine belastbare Grundlage für betriebswirtschaftliche Entscheidungen, die Kreditwürdigkeit und die langfristige Unternehmensplanung.

Warum ist die Buchführung für einen Kfz-Betrieb gesetzlich vorgeschrieben?

Durch klare Strukturen und Zuständigkeiten, offene Kommunikation, regelmäßige Teammeetings und eine Unternehmenskultur, die Feedback und Kritik zulässt, werden potenzielle Konflikte früh erkannt und entschärft.

Wie kann ein Betrieb Konflikten vorbeugen?

Neutralität ist entscheidend, um Vertrauen zu erhalten und keine Partei zu bevorzugen. Eine unparteiische Haltung erleichtert es, gemeinsam tragfähige Lösungen zu entwickeln, die von allen Beteiligten akzeptiert werden.

Welche Rolle spielt die Neutralität der Führungskraft in der Konfliktlösung?

Er sollte zeitnah das Gespräch suchen, die Standpunkte beider Seiten anhören und den Konflikt klar benennen. Ziel ist es, Ursachen zu verstehen, bevor sich das Problem verfestigt oder eskaliert.

Ein Werkstattleiter bemerkt Spannungen zwischen zwei Mitarbeitern.

Was sollte er zuerst tun?

Häufige Ursachen sind Ressourcenkonflikte (z. B. zu wenig Personal oder Material), Kommunikationsprobleme, unklare Zuständigkeiten, unterschiedliche Arbeitsstile oder persönliche Spannungen zwischen Mitarbeitern.

Welche typischen Ursachen führen im Handwerksbetrieb zu Konflikten?

Konflikte können Arbeitsklima, Produktivität und Kundenbeziehungen beeinträchtigen. Ein strukturiertes Konfliktmanagement sorgt dafür, dass Auseinandersetzungen frühzeitig erkannt, sachlich geklärt und in konstruktive Lösungen überführt werden.

Warum ist ein strukturiertes Konfliktmanagement im Kfz-Betrieb wichtig?

Maßnahmen wie individuelle Entwicklungsgespräche, flexible Arbeitszeitmodelle, gezielte Anerkennung und klare Karriereperspektiven steigern Loyalität und reduzieren die Abwanderung qualifizierter Fachkräfte.

Ein Kfz-Betrieb hat hohe Fluktuation.

Welche Führungsmaßnahmen können zur Mitarbeiterbindung beitragen?

Feedback gibt Mitarbeitern Orientierung, macht Fortschritte sichtbar und zeigt Verbesserungsmöglichkeiten auf. Positives Feedback steigert Motivation, konstruktive Kritik unterstützt gezielte Weiterentwicklung und fördert ein offenes Betriebsklima.

Warum ist regelmäßiges Feedback ein zentrales Führungsinstrument?

Ein Werkstattleiter möchte wissen, welche Kostenanteile in die Berechnung eines Stundenverrechnungssatzes einfließen.

Eingerechnet werden Personalkosten, Betriebskosten, Werkzeug- und Maschinenkosten, Gemeinkosten sowie ein kalkulierter Gewinnanteil. Ziel ist es, den Satz so festzulegen, dass alle Kosten gedeckt und Gewinne erzielt werden.

Wie unterscheidet sich die Vollkostenrechnung von der Teilkostenrechnung?

Die Vollkostenrechnung verteilt alle Kosten auf die Kostenträger, während die Teilkostenrechnung nur variable Kosten berücksichtigt und fixe Kosten separat ausweist. Letztere eignet sich besonders für kurzfristige Entscheidungen.

Was ist das Hauptziel der Kosten- und Leistungsrechnung (KLR) im Kfz-Betrieb?

Sie dient der Erfassung, Verteilung und Auswertung aller Kosten, um die Wirtschaftlichkeit zu überwachen, Preise fundiert zu kalkulieren und Entscheidungen über Investitionen oder Leistungsanpassungen abzusichern.

Ein Betrieb plant, eine neue Hebebühne anzuschaffen.

Welche KLR-Größe ist entscheidend, um die Rentabilität der Investition zu bewerten?

Der Deckungsbeitrag aus den zusätzlichen Arbeitsleistungen muss die Anschaffungs- und laufenden Kosten decken. Ein positiver Beitrag zeigt, dass die Investition wirtschaftlich ist.

Welche Hauptfaktoren werden bei einer Marktanalyse im Kfz-Handwerk untersucht?

Eine umfassende Marktanalyse betrachtet folgende Faktoren:

- Marktvolumen und Marktwachstum
- Kundensegmente nach Bedürfnissen und Kaufverhalten
- Preisstrukturen
- Wettbewerbsdichte
- regionale Besonderheiten
- technologische Entwicklungen

Ein Betrieb stellt fest, dass die Zahl neuer Wettbewerber in der Region steigt.

Welche Analyseart unterstützt die Bewertung dieser Entwicklung?

Die Wettbewerbsanalyse untersucht systematisch die Zahl, Marktstellung, Stärken, Schwächen und Strategien der Mitbewerber.
So sollen Chancen und Risiken für das eigene Unternehmen frühzeitig erkannt und die eigene Position gezielt gestärkt werden.

Welche zentrale Kennzahl beschreibt den Anteil eines Unternehmens am Gesamtmarkt?

Der Marktanteil misst das Verhältnis des eigenen Umsatzes oder Absatzes zum gesamten Branchenvolumen. Er ist ein Indikator für die Wettbewerbsposition und dient zur Beurteilung der Marktdurchdringung im Vergleich zu Konkurrenten.

Ein Inhaber möchte prüfen, ob sein Betrieb in einer Nische tätig ist, die andere Anbieter nicht bedienen.

Welche Methode wird angewendet?

Die Marktlückenanalyse identifiziert Angebotsbereiche, in denen Kundenbedürfnisse noch nicht oder nur unzureichend erfüllt werden. Sie ermöglicht es, gezielt Produkte oder Dienstleistungen zu entwickeln, die einen klaren Wettbewerbsvorteil schaffen.

Welche Faktoren werden bei der SWOT-Analyse berücksichtigt?

Die SWOT-Analyse bewertet interne Stärken (z. B. Fachkompetenz, Kundenstamm) und Schwächen (z. B. geringe Online-Präsenz) sowie externe Chancen (z. B. neue Technologien) und Risiken (z. B. Markteintritt neuer Wettbewerber). So werden strategische Entscheidungen fundiert vorbereitet.

Ein Kfz-Betrieb vergleicht Preise und Serviceleistungen mehrerer Konkurrenten, um die eigene Position zu bestimmen.

Welcher Begriff beschreibt diesen Vorgang?

Der gesuchte Begriff ist Benchmarking. Er beschreibt den strukturierten Vergleich von Prozessen, Leistungen und Kennzahlen mit führenden Wettbewerbern oder Branchenbesten, um Verbesserungspotenziale zu erkennen. Ziel ist, damit eigene Standards gezielt anzupassen.

Welche Rolle spielt die Analyse der Kundenzufriedenheit in der Wettbewerbsbeobachtung?

Sie liefert wertvolle Hinweise darauf, wie Kunden die Servicequalität, Preisgestaltung und Zuverlässigkeit im Vergleich zu Wettbewerbern wahrnehmen. Eine hohe Kundenzufriedenheit wirkt als Differenzierungsmerkmal und stärkt langfristig die Marktposition.

Ein Betrieb bemerkt, dass Kunden zunehmend Online-Terminbuchungen bevorzugen.

Wie wird diese Marktveränderung bezeichnet?

Dies ist ein Markttrend, der eine längerfristige Veränderung im Kundenverhalten beschreibt. Die frühzeitige Anpassung an solche Trends kann die Wettbewerbsfähigkeit sichern und neue Kundengruppen erschließen.

Wie lässt sich das Marktvolumen definieren?

Das Marktvolumen bezeichnet die gesamte abgesetzte Menge oder den Gesamtumsatz eines bestimmten Marktes innerhalb eines definierten Zeitraums. Es dient als Grundlage zur Abschätzung von Wachstumspotenzialen und zur Festlegung von Marktanteilszielen.

Ein Unternehmer möchte die Chancen und Risiken einer Expansion ins Ausland prüfen.

Welches Analyseinstrument ist geeignet?

Die PEST-Analyse untersucht systematisch die politischen, wirtschaftlichen, sozialen und technologischen Rahmenbedingungen eines Zielmarktes, um mögliche Risiken zu identifizieren und fundierte strategische Entscheidungen zu ermöglichen.

Welche Rolle spielt die Beratung bei der Auswahl und Beantragung von Fördermitteln?

Fachkundige Beratung durch Förderbanken, Kammern oder Unternehmensberater hilft, passende Programme zu identifizieren und Anträge korrekt zu stellen. So lassen sich Fehler vermeiden, die Ablehnungen verursachen, und die Förderchancen werden maximiert.

Welche zentrale Kennzahl zeigt, wie profitabel ein Unternehmen im Verhältnis zum eingesetzten Kapital arbeitet?

Die Eigenkapitalrendite setzt den Jahresgewinn ins Verhältnis zum eingesetzten Eigenkapital. Sie zeigt, wie effizient das Eigenkapital eingesetzt wird und dient Investoren sowie Inhabern als Maßstab, ob sich das gebundene Kapital im Vergleich zu alternativen Anlagen lohnt.

Ein Betrieb vergleicht seine Kostenstruktur mit den Branchendurchschnittswerten.

Welcher Fachbegriff beschreibt diese Methode?

Der Betriebsvergleich ist ein systematischer Kennzahlenvergleich mit Unternehmen ähnlicher Größe und Branche. Er dient dazu, Abweichungen zu identifizieren, Optimierungspotenziale aufzudecken und betriebliche Entscheidungen faktenbasiert zu untermauern.

Welche Kennzahl zeigt, wie oft sich das gesamte Warenlager innerhalb eines Jahres umschlägt?

Die Lagerumschlagshäufigkeit wird berechnet, indem der Wareneinsatz durch den durchschnittlichen Lagerbestand geteilt wird. Eine hohe Umschlagshäufigkeit weist auf eine effiziente Lagerführung hin, während eine niedrige Rate Kapitalbindung und mögliche Überbestände signalisiert.

Ein Unternehmer möchte wissen, wie liquide sein Betrieb kurzfristig ist.

Welche Kennzahl liefert hierzu die genaueste Aussage?

Die Liquidität 1. Grades (Barliquidität) stellt die flüssigen Mittel, wie Kasse und Bankguthaben, den kurzfristigen Verbindlichkeiten gegenüber. Sie zeigt, ob der Betrieb in der Lage ist, seine kurzfristigen Zahlungsverpflichtungen sofort zu erfüllen, ohne weitere Mittel zu mobilisieren.

Welche Kennzahl gibt an, wie hoch der Anteil der variablen und fixen Kosten am Umsatz ist?

Die Kostenquote setzt die gesamten Betriebskosten ins Verhältnis zum erzielten Umsatz. Sie dient der Beurteilung der Wirtschaftlichkeit und zeigt, ob die Kostenstruktur im Vergleich zur Umsatzleistung effizient gestaltet ist oder Einsparpotenzial besteht.

Ein Betrieb möchte seine Preisgestaltung optimieren und analysiert dazu die Deckungsbeiträge einzelner Leistungen.

Welches Ziel wird damit verfolgt?

Die Deckungsbeitragsanalyse ermittelt den Betrag, der nach Abzug der variablen Kosten von den Umsatzerlösen übrig bleibt. Damit lässt sich beurteilen, welche Produkte oder Dienstleistungen die Fixkosten decken und Gewinn erwirtschaften. Das Ergebnis legt die Grundlage für Preis- und Sortimentsentscheidungen.

Welche Kennzahl gibt Aufschluss darüber, wie hoch die Verschuldung eines Unternehmens im Verhältnis zum Eigenkapital ist?

Der Verschuldungsgrad wird ermittelt, indem das Fremdkapital durch das Eigenkapital geteilt wird. Er zeigt, wie stark ein Betrieb durch externe Geldgeber finanziert ist und gibt Hinweise auf das finanzielle Risiko sowie die Abhängigkeit von Fremdkapital.

Ein Unternehmer vergleicht die Produktivität pro Mitarbeiter mit anderen Betrieben derselben Branche.

Welche Kennzahl wird dabei häufig verwendet?

Die Umsatzproduktivität pro Mitarbeiter wird berechnet, indem der Gesamtumsatz durch die Anzahl der Beschäftigten geteilt wird. Sie dient als Indikator für die Effizienz des Personaleinsatzes und hilft, Personal- und Organisationsentscheidungen zu optimieren.

Welche Kennzahl beschreibt den Gewinn nach Abzug aller Kosten im Verhältnis zum Umsatz?

Die Umsatzrendite zeigt, welcher prozentuale Anteil des Umsatzes nach Abzug sämtlicher Kosten als Gewinn verbleibt. Sie ist ein Maß für die Wirtschaftlichkeit und hilft, die Ertragskraft im Vergleich zu Wettbewerbern zu bewerten.

Ein Betrieb hat im Vergleich zum Branchendurchschnitt deutlich längere Forderungslaufzeiten.

Welche Kennzahl macht dieses Problem sichtbar?

Die Debitorenlaufzeit misst die durchschnittliche Zeitspanne zwischen Rechnungsstellung und Zahlungseingang. Eine hohe Laufzeit kann auf ineffizientes Forderungsmanagement oder unklare Zahlungsbedingungen hinweisen und bindet unnötig Liquidität.

Welche Hauptziele verfolgt ein systematisches Qualitätsmanagement im Kfz-Betrieb?

Es zielt darauf ab, die Kundenzufriedenheit zu steigern, Fehlerquoten zu senken, Prozesse effizient zu gestalten und gesetzliche sowie normative Anforderungen einzuhalten. Langfristig stärkt es die Wettbewerbsfähigkeit und reduziert Kosten durch weniger Nacharbeit.

Ein Betrieb möchte nachweislich dokumentieren, dass er gleichbleibend hohe Qualitätsstandards einhält.

Welches Zertifizierungssystem ist hier weit verbreitet?

Hier wird die ISO 9001 angewendet. Sie ist ein international anerkanntes Qualitätsmanagementsystem, das Anforderungen an Prozesse, Dokumentation und kontinuierliche Verbesserung definiert und regelmäßig extern überprüft wird.

Welche Rolle spielt die Fehlerursachenanalyse bei der Qualitätssicherung?

Sie identifiziert systematisch die Ursachen von Abweichungen und Reklamationen. Durch Methoden wie Ishikawa-Diagramm oder 5-Why-Analyse können Probleme nachhaltig behoben und zukünftige Fehler vermieden werden.

Ein Kfz-Meister möchte prüfen, wie effizient der Werkstattprozess vom Auftragseingang bis zur Fahrzeugübergabe abläuft.

Welches Werkzeug kann er einsetzen?

Eine Prozessanalyse erfasst sämtliche Arbeitsschritte, identifiziert Engpässe und bewertet die Effizienz. Sie ist Grundlage für Optimierungen im Ablauf und trägt direkt zur Qualitätssicherung bei.

Welche Vorteile bietet ein funktionierendes Reklamationsmanagement für den Betrieb?

Es ermöglicht eine schnelle und kundenorientierte Bearbeitung von Beschwerden, verhindert Imageverluste, liefert wertvolle Hinweise zur Prozessverbesserung und stärkt das Vertrauen der Kunden in die Servicequalität.

Ein Unternehmen plant die Einführung eines neuen digitalen Werkstattplanungssystems.

Welcher Prozess beschreibt die Einführung neuer Ideen oder Technologien in den Betrieb?

Dies fällt unter Innovationsmanagement, das die Entwicklung, Bewertung und Umsetzung neuer Produkte, Dienstleistungen oder Prozesse strukturiert steuert, um den Betrieb zukunftsfähig zu machen.

Warum ist die Einbindung der Mitarbeiter entscheidend für den Erfolg eines Qualitätsmanagementsystems?

Mitarbeiter sind direkt in die Prozesse eingebunden und erkennen Verbesserungspotenziale frühzeitig. Ihre aktive Beteiligung fördert Akzeptanz, Verantwortungsbewusstsein und kontinuierliche Verbesserung der Arbeitsabläufe.

Ein Betrieb setzt auf kontinuierliche Prozessverbesserung nach dem PDCA-Zyklus.

Wofür steht diese Abkürzung?

PDCA steht für Plan – Do – Check – Act und beschreibt einen wiederkehrenden Verbesserungsprozess:

Planen, Umsetzen, Überprüfen und Anpassen von Maßnahmen zur Qualitätssteigerung.

Welche Vorteile kann die Einführung innovativer Werkstatttechnologien bringen?

Sie steigert die Effizienz, reduziert Fehler, verbessert die Servicequalität und kann neue Kundensegmente erschließen. Gleichzeitig stärkt sie die Marktposition durch ein modernes Leistungsangebot.

Ein Betrieb möchte neben der Fehlervermeidung auch aktiv Chancen für Verbesserungen erkennen.

Welcher Ansatz wird hier verfolgt?

Das KVP-Prinzip (Kontinuierlicher Verbesserungsprozess) strebt an, kleine, stetige Optimierungen in allen Unternehmensbereichen umzusetzen, um langfristig Qualität und Wirtschaftlichkeit zu erhöhen.

Welche rechtliche Voraussetzung muss ein Kfz-Meister erfüllen, um einen eigenen Handwerksbetrieb zu führen?

Für das zulassungspflichtige Kfz-Technikerhandwerk schreibt die Handwerksordnung (§ 7 HwO) den Meisterbrief oder eine gleichwertige Qualifikation vor. Erst mit dieser Voraussetzung ist die Eintragung in die Handwerksrolle möglich, die wiederum die rechtliche Grundlage für die selbstständige Ausübung des Handwerks darstellt.

Ein Gründer möchte seinen Betrieb offiziell anmelden.

Welcher erste Schritt ist verpflichtend?

Zwingend erforderlich ist die Gewerbeanmeldung beim örtlich zuständigen Gewerbeamt. Diese löst eine automatische Meldung an die Handwerkskammer, das Finanzamt, die Berufsgenossenschaft und ggf. die Industrie- und Handelskammer aus, wodurch weitere Gründungsformalitäten angestoßen werden.

Warum ist die Eintragung in die Handwerksrolle für Kfz-Betriebe wichtig?

Die Eintragung dokumentiert die fachliche und rechtliche Eignung zur Führung eines Handwerksbetriebes. Sie ist Voraussetzung für den Betrieb eines zulassungspflichtigen Handwerks, sichert die Nutzung des Meistertitels und verschafft Zugang zu branchenspezifischen Förderungen und Rechtsansprüchen.

Ein angehender Unternehmer möchte wissen, welche steuerlichen Pflichten ihn direkt nach der Gründung erwarten.

Nach der Anmeldung erfolgt eine steuerliche Erfassung durch das Finanzamt. Dazu muss der Gründer den Fragebogen zur steuerlichen Erfassung ausfüllen, Angaben zu erwarteten Umsätzen und Gewinnen machen, die Steuernummer beantragen und sich über Umsatzsteuerpflicht und Gewinnermittlungsart entscheiden.

Welche Bedeutung hat die Mitgliedschaft in der Handwerkskammer für einen neu gegründeten Kfz-Betrieb?

Sie ist gesetzlich vorgeschrieben und bietet nicht nur Interessensvertretung, sondern auch Beratung zu Betriebsführung, Recht, Ausbildung und Weiterbildung. Zudem stellt die HWK wichtige Bescheinigungen aus und unterstützt bei der Umsetzung gesetzlicher Vorgaben.

Ein Gründer möchte die Unfallversicherung für seine Mitarbeiter sicherstellen.

Welche Institution ist dafür zuständig?

Die Berufsgenossenschaft (im Kfz-Bereich i. d. R. die BG Fahrzeughaltungen) ist der gesetzliche Unfallversicherungsträger. Sie schützt Mitarbeiter vor den Folgen von Arbeitsunfällen und Berufskrankheiten und übernimmt präventive Sicherheitsmaßnahmen.

Welche Genehmigungen können je nach Standort oder Tätigkeit zusätzlich zur Gewerbeanmeldung erforderlich sein?

Neben der Gewerbeanmeldung können baurechtliche Genehmigungen, Umweltauflagen (z. B. für Ölabscheider), Sondernutzungserlaubnisse oder Abfallentsorgungsnachweise erforderlich sein, insbesondere bei Tätigkeiten mit Gefahrstoffen oder baulichen Veränderungen an Betriebsgebäuden.

Ein Gründer plant, seinen Betrieb in einer gemieteten Halle zu eröffnen.

Was muss er vor Vertragsunterzeichnung prüfen?

Wichtig ist die Prüfung, ob die Nutzung als Werkstatt baurechtlich zulässig ist, alle Arbeitsstättenrichtlinien eingehalten werden und Brandschutz sowie Fluchtwege den Vorschriften entsprechen. Außerdem muss die Nutzungsbestimmung im Mietvertrag eindeutig geregelt sein.

Welche Pflichtversicherungen sind für einen Kfz-Betrieb in der Regel erforderlich?

Dazu gehören die Betriebshaftpflichtversicherung für Personen- und Sachschäden, die Kfz-Haftpflichtversicherung für Kundenfahrzeuge, ggf. eine Umwelthaftpflichtversicherung sowie die gesetzliche Unfallversicherung über die Berufsgenossenschaft.

Ein Unternehmer möchte Fördermittel beantragen.

Warum ist eine präzise Gründungsplanung in diesem Fall besonders wichtig?

Fördermittelgeber verlangen einen detaillierten Businessplan, der Geschäftsidee, Marktanalyse, Finanzplanung und Rentabilitätsprognosen enthält. Eine präzise Planung belegt die Tragfähigkeit des Vorhabens, erhöht die Bewilligungschancen und signalisiert professionelles Management.

Welche Hauptvorteile kann eine Unternehmensübernahme im Vergleich zur Neugründung bieten?

Eine Übernahme ermöglicht den Einstieg in einen bereits etablierten Markt, bietet einen vorhandenen Kundenstamm, eingespielte Mitarbeiterstrukturen, bestehende Lieferantenbeziehungen und oft eine sofortige Umsatzgenerierung ohne lange Anlaufphase.

Welche Hauptaspekte umfasst die Due-Diligence-Prüfung vor einer Übernahme?

Sie beinhaltet die sorgfältige Analyse der Finanzen, Verträge, Bilanzen, Rechtslage, Mitarbeiterstrukturen, technischen Ausstattung und Marktposition des Unternehmens, um Risiken zu erkennen und den Kaufpreis realistisch einzuschätzen.

Warum ist die Analyse der letzten drei Jahresabschlüsse vor einer Übernahme besonders wichtig?

Sie liefert ein klares Bild über Ertragslage, Liquidität und Kostenstruktur, zeigt Trends in Umsatz- und Gewinnentwicklung und ermöglicht die Beurteilung der finanziellen Stabilität und des tatsächlichen Unternehmenswerts.

Ein Käufer möchte wissen, welchen Wert die Maschinen und Werkstattausstattung haben.

Welches Bewertungsverfahren ist hier üblich?

Das Substanzwertverfahren ermittelt den Wert aller materiellen Güter – wie Maschinen, Werkzeuge und Immobilien – unter Berücksichtigung von Alter, Abnutzung und Wiederbeschaffungskosten.

Welche Risiken bestehen bei der Übernahme von bestehenden Arbeitsverträgen?

Nach § 613a BGB werden Arbeitsverträge automatisch übernommen. Risiken entstehen durch bestehende Verpflichtungen, z. B. lange Kündigungsfristen, tarifliche Bindungen oder anhängige arbeitsrechtliche Streitigkeiten.

Warum sollte der Käufer offene Rechtsstreitigkeiten und behördliche Verfahren prüfen?

Solche Verfahren können finanzielle Belastungen, Rufschädigung oder Betriebsstilllegungen nach sich ziehen. Eine frühzeitige Prüfung ermöglicht es, Risiken zu kalkulieren oder vertraglich auszuschließen.

Ein Kfz-Betrieb hat eine gute Lage, jedoch läuft der Mietvertrag in zwei Jahren aus.

Warum ist dies ein Übernahmerisiko?

Ein auslaufender oder unsicherer Mietvertrag kann zu Standortverlust führen. Dies gefährdet Kundenbindung, Investitionspläne und den Unternehmenswert, falls kein gleichwertiger Standort gefunden wird.

Welche Bedeutung hat der sogenannte Goodwill bei einer Unternehmensbewertung?

Der Goodwill bezeichnet den immateriellen Mehrwert eines Unternehmens, z. B. Markenname, Kundenstamm, Ruf und Standortvorteile. Er spiegelt die zukünftige Ertragskraft wider und kann erheblich zum Kaufpreis beitragen.

Ein Käufer übernimmt ein Unternehmen mit bestehendem Fuhrpark.

Warum ist eine technische und wirtschaftliche Prüfung dieses Fuhrparks notwendig?

Sie zeigt den technischen Zustand, den Restwert und die Betriebskosten der Fahrzeuge. Veraltete oder reparaturanfällige Fahrzeuge können hohe Folgekosten verursachen und die Liquidität belasten.

Wie lassen sich Risiken bei einer Unternehmensübernahme vertraglich minimieren?

Durch Gewährleistungsklauseln, Haftungsausschlüsse und detaillierte Kaufverträge, die klare Regelungen zu offenen Forderungen, Garantien, Altlasten und künftigen Verpflichtungen enthalten, können Risiken gezielt begrenzt werden.

Welche Hauptfunktionen erfüllt ein Businessplan für Gründer im Kfz-Handwerk?

Er dient als Planungsinstrument zur Strukturierung des Gründungsvorhabens, als Entscheidungsgrundlage für Investoren und Banken und als Leitfaden für die operative Umsetzung. Zudem hilft er, Risiken zu erkennen und Strategien klar zu definieren.

Welche zentralen Bestandteile sollte ein vollständiger Businessplan enthalten?

Er umfasst Executive Summary, Unternehmensbeschreibung, Markt- und Wettbewerbsanalyse, Marketing- und Vertriebsstrategie, Organisationsstruktur, Finanzplanung sowie eine Risikoanalyse mit Maßnahmen zur Risikominimierung.

Warum ist die Finanzplanung ein besonders kritischer Teil des Businessplans?

Sie zeigt, ob das Vorhaben wirtschaftlich tragfähig ist, wie hoch der Kapitalbedarf ausfällt, welche Liquiditätsreserven nötig sind und wann der Break-even-Point erreicht wird. Banken und Förderstellen beurteilen vor allem diesen Teil.

Ein Gründer möchte Fördermittel beantragen.

Warum sollte der Businessplan dafür besonders präzise sein?

Fördermittelgeber verlangen klare, nachvollziehbare Angaben zu Konzept, Zielgruppe, Investitionsbedarf und Rentabilitätsprognosen. Ein präziser Plan erhöht die Bewilligungschancen und signalisiert professionelle Unternehmensführung.

Wie unterstützt der Businessplan den Gründer in der Startphase?

Er fungiert als Orientierungsrahmen für Entscheidungen, legt messbare Ziele fest, hilft bei der Priorisierung von Maßnahmen und dient als Kontrollinstrument, um Soll-Ist-Abweichungen frühzeitig zu erkennen.

Welche Hauptkriterien sollten bei der Wahl einer Rechtsform für einen Kfz-Betrieb berücksichtigt werden?

Entscheidend sind Haftungsumfang, Kapitalbedarf, Steuerbelastung, Finanzierungsmöglichkeiten, Verwaltungsaufwand sowie die Flexibilität bei Gesellschafterwechseln. Auch persönliche Ziele und Risikobereitschaft des Unternehmers spielen eine wesentliche Rolle.

Welche rechtlichen Unterschiede bestehen zwischen einem Einzelunternehmen und einer GmbH?

Beim Einzelunternehmen haftet der Inhaber unbeschränkt mit Privat- und Betriebsvermögen, während bei der GmbH die Haftung grundsätzlich auf das Gesellschaftsvermögen beschränkt ist. Zudem unterliegt die GmbH strengeren Publizitäts- und Buchführungspflichten.

Warum ist die Unternehmergesellschaft (UG) für Gründer mit geringem Startkapital attraktiv?

Die UG (haftungsbeschränkt) kann bereits mit 1 € Stammkapital gegründet werden, bietet den Vorteil der Haftungsbeschränkung und kann später in eine GmbH umgewandelt werden.

Sie erfordert jedoch eine gesetzliche Rücklagenbildung von 25 % des Jahresüberschusses.

Welche Vorteile bietet eine Personengesellschaft wie die GbR im Kfz-Handwerk?

Die GbR ist unkompliziert zu gründen, erfordert kein Mindestkapital und ermöglicht eine flexible interne Regelung der Zusammenarbeit. Allerdings haften alle Gesellschafter persönlich, unbeschränkt und gesamtschuldnerisch für Verbindlichkeiten.

Warum kann die Wahl der Rechtsform steuerliche Auswirkungen haben?

Unterschiedliche Rechtsformen unterliegen verschiedenen Steuerarten und -belastungen. Kapitalgesellschaften zahlen Körperschaftsteuer, Gewerbesteuer und ggf. Kapitalertragsteuer, während Einzelunternehmen und Personengesellschaften Einkommensteuer auf den Gewinn entrichten, was die Nettorendite erheblich beeinflussen kann.

Welche Hauptfinanzierungsarten stehen Gründern im Kfz-Handwerk zur Verfügung?

Zu den gängigen Optionen zählen Eigenkapitalfinanzierung (private Mittel, Beteiligungen), Fremdkapitalfinanzierung (Bankkredite, Leasing, Darlehen) sowie Mischformen wie Mezzanine-Kapital. Die Wahl hängt von Kapitalbedarf, Risikobereitschaft und Bonität ab.

Warum kann Leasing für einen neu gegründeten Kfz-Betrieb vorteilhaft sein?

Leasing schont die Liquidität, da keine hohen Anschaffungskosten anfallen. Es ermöglicht den Zugriff auf moderne Werkstattausrüstung oder Fahrzeuge ohne langfristige Kapitalbindung und bietet oft steuerliche Vorteile durch Betriebsausgabenabzug.

Welche Rolle spielen öffentliche Förderprogramme bei der Unternehmensgründung?

Sie bieten zinsgünstige Darlehen, Bürgschaften oder nicht rückzahlbare Zuschüsse. Programme wie die der KfW oder der Landesförderbanken erleichtern die Finanzierung und reduzieren das Ausfallrisiko für Kapitalgeber.

Ein Gründer beantragt Fördermittel.

Warum ist eine solide Bonitätsprüfung durch die Bank entscheidend?

Banken und Förderinstitute prüfen Kreditwürdigkeit, Sicherheiten und Geschäftsplan, um das Ausfallrisiko zu minimieren. Eine positive Bonitätsbewertung erhöht die Bewilligungschancen und kann zu besseren Konditionen führen.

Wie kann ein Gründer die Eigenkapitalquote erhöhen, um die Finanzierungschancen zu verbessern?

Durch private Einlagen, Einbindung von Investoren oder Beteiligungskapital lässt sich die Eigenkapitalquote steigern. Eine höhere Quote signalisiert Stabilität und reduziert das Risiko für Fremdkapitalgeber.

Warum sind langfristige Unternehmensziele im Kfz-Handwerk wichtig?

Sie geben dem Betrieb eine klare strategische Ausrichtung, schaffen Orientierung für alle Entscheidungen und ermöglichen die Priorisierung von Investitionen. Zudem helfen sie, Marktchancen frühzeitig zu nutzen und Risiken langfristig zu minimieren.

Welche Eigenschaften sollten langfristige Ziele haben, um wirksam zu sein?

Sie sollten SMART formuliert sein – also spezifisch, messbar, attraktiv, realistisch und terminiert. So lassen sich Fortschritte objektiv überprüfen und Anpassungen gezielt vornehmen.

Ein Betrieb möchte innerhalb von zehn Jahren Marktführer in seiner Region werden.

Welche strategische Überlegung ist dafür entscheidend?

Er muss seine Wettbewerbsvorteile klar definieren, kontinuierlich ausbauen und in einem strategischen Maßnahmenplan verankern. Dies kann durch Spezialisierung, Servicequalität oder innovative Leistungen geschehen.

Wie beeinflusst die Markt- und Branchenentwicklung die langfristige Zielplanung?

Veränderungen wie technologische Innovationen, gesetzliche Vorgaben oder neue Kundenbedürfnisse können bestehende Ziele gefährden oder neue Chancen eröffnen. Daher muss die Zielplanung regelmäßig überprüft und angepasst werden.

Warum ist die Kommunikation langfristiger Ziele an die Mitarbeiter wichtig?

Klare Zielkommunikation fördert Mitarbeiteridentifikation und Motivation. Wenn das Team die langfristige Ausrichtung kennt, kann es sein Handeln darauf abstimmen und aktiv zur Zielerreichung beitragen.

Was versteht man unter Marktpositionierung im Kfz-Handwerk?

Sie beschreibt die bewusste Festlegung, wie ein Betrieb im Vergleich zu Wettbewerbern wahrgenommen werden soll. Dies umfasst die Definition einer klaren Zielgruppe, die Betonung von Alleinstellungsmerkmalen und die Ausrichtung des Leistungsangebots auf diese Position.

Welche Hauptfaktoren beeinflussen die erfolgreiche Marktpositionierung eines Kfz-Betriebes?

Entscheidend sind Servicequalität, Preis-Leistungs-Verhältnis, Markenimage, Standort, Online-Präsenz sowie die Spezialisierung auf bestimmte Leistungen oder Kundensegmente.

Ein Betrieb will sich als Spezialist für Elektrofahrzeuge positionieren.

Welche strategischen Schritte sind notwendig?

Er benötigt eine gezielte Weiterbildung der Mitarbeiter, passende Werkstattausrüstung, gezieltes Marketing und Kooperationen mit Herstellern, um Kompetenz und Glaubwürdigkeit in diesem Segment aufzubauen.

Welche Wettbewerbsstrategie nach Porter zielt auf die Kostenführerschaft ab?

Die Kostenführerschaftsstrategie strebt an, durch effiziente Prozesse, Einkaufsvorteile und hohe Auslastung die günstigsten Preise bei akzeptabler Qualität anzubieten, um preissensible Kunden anzuziehen.

Wie unterscheidet sich eine Nischenstrategie von einer Differenzierungsstrategie?

Die Nischenstrategie konzentriert sich auf ein eng abgegrenztes Marktsegment mit speziellen Bedürfnissen. Die Differenzierungsstrategie hebt sich hingegen branchenweit durch besondere Merkmale wie Qualität, Service oder Innovation ab.

Ein Betrieb möchte seinen Marktanteil erhöhen, ohne Preise zu senken.

Welche Maßnahmen sind geeignet?

Geeignet sind Serviceausbau, gezielte Kundenbindungsprogramme, Imagekampagnen sowie die Einführung neuer Leistungen, die den wahrgenommenen Wert steigern.

Warum ist die Analyse der Wettbewerber für die eigene Marktstrategie unverzichtbar?

Sie deckt deren Stärken, Schwächen, Preise und Marketingmaßnahmen auf. So lassen sich eigene Strategien entwickeln, um sich gezielt zu differenzieren und Wettbewerbslücken zu nutzen.

Welche Rolle spielt das USP in der Marktpositionierung?

Das Alleinstellungsmerkmal (Unique Selling Proposition) ist der zentrale Grund, warum Kunden gerade diesen Betrieb wählen sollten. Es muss klar kommuniziert, glaubwürdig belegt und konsequent im Leistungsangebot verankert werden.

Ein Betrieb möchte vom mittleren ins Premiumsegment wechseln.

Welche Risiken bestehen?

Risiken sind Verlust bestehender Kunden, Fehlinvestitionen in Marketing und Ausstattung sowie die Notwendigkeit, höhere Qualitäts- und Serviceerwartungen dauerhaft zu erfüllen.

Wie kann ein Kfz-Betrieb seine Marktposition langfristig sichern?

Durch kontinuierliche Marktbeobachtung, Investitionen in Qualität und Innovation, Aufbau starker Kundenbeziehungen sowie die regelmäßige Anpassung des Angebots an technologische und gesellschaftliche Veränderungen.

Warum sind Innovationsstrategien für Kfz-Betriebe langfristig entscheidend?

Sie ermöglichen es, technologische Entwicklungen frühzeitig zu nutzen, neue Dienstleistungen zu etablieren und sich von Wettbewerbern abzuheben. So kann der Betrieb auch in dynamischen Märkten seine Wettbewerbsfähigkeit sichern.

Ein Betrieb möchte ein neues Servicekonzept testen, bevor es vollständig eingeführt wird.

Welche Methode ist hierfür geeignet?

Ein Pilotprojekt erlaubt es, neue Ideen im kleinen Rahmen zu erproben, Kundenfeedback einzuholen und Prozesse zu optimieren, bevor größere Investitionen erfolgen.

Welche Rolle spielt die Marktbeobachtung bei Anpassungsstrategien?

Sie liefert Informationen zu Trends, Kundenbedürfnissen und Wettbewerbsaktivitäten. So können Betriebe ihr Angebot rechtzeitig anpassen, z. B. bei der steigenden Nachfrage nach E-Mobilitäts-Services.

Ein Betrieb erkennt, dass sich gesetzliche Vorschriften ändern werden.

Warum ist eine frühzeitige Anpassung der Prozesse wichtig?

Eine frühzeitige Anpassung verhindert Betriebsunterbrechungen, reduziert Kosten durch ungeplante Umstellungen und ermöglicht, neue Anforderungen als Wettbewerbsvorteil zu nutzen.

Wie lassen sich Mitarbeiter gezielt in Innovationsprozesse einbinden?

Durch Ideenworkshops, offene Kommunikationskanäle und gezielte Weiterbildung. So entstehen praxisnahe Lösungen, die von den Mitarbeitern mitgetragen und erfolgreich umgesetzt werden.

Was ist das Ziel strategischen Marketings im Kfz-Handwerk?

Strategisches Marketing verfolgt das Ziel, langfristige Marktpositionen aufzubauen und zu sichern. Es umfasst die systematische Analyse von Markt, Zielgruppen und Wettbewerbern sowie die Planung geeigneter Maßnahmen, um Kundenbindung und Ertragskraft nachhaltig zu steigern.

Welche Elemente umfasst ein strategischer Marketingplan?

Er beinhaltet Markt- und Wettbewerbsanalyse, Definition der Zielgruppen, Festlegung der Marketingziele, Auswahl geeigneter Marketinginstrumente, Budgetplanung sowie Erfolgskontrolle zur Anpassung der Strategie.

Warum ist die Zielgruppenanalyse für die Marketingstrategie so wichtig?

Sie ermöglicht es, Angebote und Kommunikation exakt auf die Bedürfnisse und Erwartungen der Kunden abzustimmen. Dadurch steigt die Wirksamkeit von Marketingmaßnahmen und die Kundenzufriedenheit.

Ein Betrieb möchte sein Image als umweltfreundlicher Kfz-Dienstleister ausbauen.

Welche Marketingstrategie passt dazu?

Eine Differenzierungsstrategie mit Fokus auf Green Marketing, bei der nachhaltige Prozesse, umweltfreundliche Produkte und transparente Kommunikation genutzt werden, um sich klar vom Wettbewerb abzuheben.

Wie wird der Erfolg strategischer Marketingmaßnahmen gemessen?

Durch Kennzahlen wie Kundenzuwachs, Marktanteil, Umsatzsteigerung, Kundenzufriedenheit und Wiederkaufrate.

Die Auswertung dieser KPIs ermöglicht eine objektive Beurteilung der Strategieeffektivität.

Welche grundlegenden Führungsstile werden im Management unterschieden?

Häufig genannt werden der autoritäre, kooperative und laissez-faire Führungsstil. Sie unterscheiden sich in Entscheidungsfindung, Mitarbeiterbeteiligung und Kommunikationsstruktur und werden je nach Situation gezielt eingesetzt.

Ein Betriebsleiter möchte schnelle Entscheidungen ohne lange Diskussionen treffen.

Welcher Führungsstil ist dafür typisch?

Der autoritäre Führungsstil, bei dem Entscheidungen zentral vom Vorgesetzten getroffen werden. Er ist effektiv in Krisensituationen, kann aber langfristig die Motivation und Eigeninitiative der Mitarbeiter einschränken.

Welche Vorteile bietet der kooperative Führungsstil für einen Kfz-Betrieb?

Er bindet Mitarbeiter in Entscheidungen ein, fördert Eigenverantwortung und Motivation und kann die Qualität der Entscheidungen durch vielfältige Perspektiven steigern. Besonders geeignet ist er in komplexen Projekten oder bei Fachkräfteteams.

Ein Werkstattleiter möchte den Führungsstil flexibel an die jeweilige Situation anpassen.

Wie nennt man diesen Ansatz?

Dies wird als situativer Führungsstil bezeichnet. Er orientiert sich am Reifegrad und den Fähigkeiten der Mitarbeiter sowie an der Dringlichkeit und Komplexität der Aufgabe.

Warum ist die Wahl der passenden Führungsmethode entscheidend für den Unternehmenserfolg?

Die richtige Führungsmethode beeinflusst Motivation, Arbeitsklima und Effizienz maßgeblich. Sie kann die Fluktuation senken, die Produktivität steigern und die Umsetzung strategischer Ziele beschleunigen.

Was versteht man unter Organisationsentwicklung in einem Kfz-Betrieb?

Organisationsentwicklung ist ein geplanter, langfristiger Veränderungsprozess, der Strukturen, Abläufe und Kommunikationswege im Betrieb verbessert. Ziel ist es, die Leistungsfähigkeit zu steigern und den Betrieb an neue Markt- und Technikanforderungen anzupassen.

Warum ist die Analyse bestehender Prozesse vor einer Organisationsänderung entscheidend?

Eine gründliche Ist-Analyse zeigt Schwachstellen, Doppelarbeit oder ineffiziente Abläufe auf. Nur wenn die Ausgangssituation klar ist, lassen sich gezielt Maßnahmen entwickeln, die nachhaltig Verbesserungen bringen.

Ein Kfz-Betrieb möchte die Zusammenarbeit zwischen Werkstatt und Verwaltung verbessern.

Welche Maßnahme ist hier sinnvoll?

Die Einführung klar definierter Schnittstellenprozesse und regelmäßiger Abstimmungsmeetings fördert reibungslose Kommunikation, verkürzt Durchlaufzeiten und reduziert Fehler in der Auftragsabwicklung.

Welche Rolle spielt die Mitarbeiterbeteiligung in der Organisationsentwicklung?

Die Einbindung der Mitarbeiter steigert Akzeptanz und Motivation, liefert praxisnahe Verbesserungsvorschläge und reduziert Widerstände gegenüber Veränderungen.

Warum sollte die Organisationsentwicklung als kontinuierlicher Prozess verstanden werden?

Märkte, Technologien und Kundenanforderungen verändern sich stetig. Eine kontinuierliche Organisationsentwicklung stellt sicher, dass der Betrieb flexibel, anpassungsfähig und zukunftsfähig bleibt.

Was versteht man unter Change Management in einem Kfz-Betrieb?

Change Management ist die systematische Planung, Steuerung und Umsetzung von Veränderungsprozessen im Unternehmen. Ziel ist es, technische, organisatorische oder strategische Anpassungen so einzuführen, dass Mitarbeiter sie akzeptieren, Prozesse reibungslos umgestellt werden und die Leistungsfähigkeit des Betriebs erhalten bleibt.

Warum scheitern viele Veränderungsprozesse in Unternehmen?

Häufige Gründe sind mangelnde Kommunikation, fehlende Einbindung der Mitarbeiter, unklare Zielsetzungen, zu kurze Umsetzungszeiträume und das Unterschätzen von Widerständen. Ohne klare Strategie und kontinuierliche Begleitung sinkt die Akzeptanz drastisch.

Ein Kfz-Betrieb führt eine neue Werkstattsoftware ein.

Welche Maßnahmen fördern die erfolgreiche Umsetzung?

Wichtig sind eine frühzeitige Information der Mitarbeiter, praxisorientierte Schulungen, die Einbindung von Schlüsselpersonen als Multiplikatoren sowie eine Testphase, in der Probleme erkannt und gelöst werden können.

Welche Rolle spielt die Führungsebene im Change Management?

Führungskräfte agieren als Kommunikatoren, Vorbilder und Entscheidungsträger. Sie müssen den Wandel aktiv vorleben, Rückmeldungen ernst nehmen und sicherstellen, dass Ressourcen und Unterstützung während der Umsetzung bereitstehen.

Wie kann der Erfolg eines Veränderungsprozesses gemessen werden?

Durch vorher festgelegte Kennzahlen wie Produktivitätssteigerung, Fehlerquote, Kundenzufriedenheit oder Einhaltung von Zeit- und Budgetplänen. Zusätzlich liefert Mitarbeiterfeedback qualitative Hinweise, ob die Veränderung nachhaltig wirkt.

Warum ist eine klare Führungsstruktur im Kfz-Betrieb entscheidend?

Sie schafft Verbindlichkeit und klare Verantwortlichkeiten, verhindert Doppelarbeit und Missverständnisse und sorgt dafür, dass Mitarbeiter ihre Aufgaben, Ziele und Entscheidungsbefugnisse genau kennen. Das steigert Effizienz und Arbeitsqualität.

Welche Faktoren beeinflussen die Mitarbeitermotivation langfristig am stärksten?

Langfristige Motivation wird durch Wertschätzung, faire Entlohnung, Weiterbildungsmöglichkeiten, Transparenz in Entscheidungen und ein positives Betriebsklima geprägt. Diese Faktoren wirken nachhaltiger als kurzfristige Boni.

Ein Werkstattleiter möchte die Eigenverantwortung seiner Mitarbeiter stärken.

Welche Führungsmethode ist dafür geeignet?

Die delegative Führung überträgt Entscheidungs- und Handlungsspielräume bewusst an Mitarbeiter. Sie steigert Selbstständigkeit, Fachkompetenz und das Verantwortungsbewusstsein, wenn klare Ziele und Rahmenbedingungen vorgegeben werden.

Maßgeblich sind die Vorschriften des HGB (§§ 238–289), ergänzt durch steuerrechtliche Regelungen der AO und des EStG.

Für Kapitalgesellschaften gelten zusätzliche Offenlegungs- und Prüfungspflichten.

Welche gesetzlichen Vorschriften regeln die Erstellung des Jahresabschlusses?

Der Anhang erläutert und ergänzt die Zahlen der Bilanz und GuV, z. B. zu Bewertungsmethoden, Rückstellungen oder Haftungsverhältnissen. Er erhöht Transparenz und Vergleichbarkeit für externe Adressaten.

Warum ist der Anhang Teil des Jahresabschlusses bei bestimmten Unternehmen?

Welche Folgen hat eine verspätete oder fehlerhafte Erstellung des Jahresabschlusses?

Es drohen Bußgelder, steuerliche Schätzungen durch das Finanzamt, Imageverlust bei Geschäftspartnern sowie bei Kapitalgesellschaften Zwangsgelder durch das Bundesanzeigeramt. Zudem können falsche Angaben strafrechtliche Konsequenzen haben.

Der Jahresabschluss umfasst Bilanz, GuV und je nach Rechtsform einen Anhang sowie ggf. einen Lagebericht. Er bildet das wirtschaftliche Ergebnis eines Geschäftsjahres ab und ist Grundlage für Steuerfestsetzung und Veröffentlichungspflichten.

Was versteht man unter dem Jahresabschluss eines Unternehmens?

Die Umsatzrendite zeigt, welcher prozentuale Anteil des Umsatzes nach Abzug aller Kosten als Gewinn verbleibt. Eine niedrige Umsatzrendite signalisiert Optimierungsbedarf bei Kosten oder Preisen.

Ein Betrieb möchte seine Ertragslage verbessern.

Welche Kennzahl aus der GuV ist hier besonders relevant?

Ein Kfz-Betrieb bietet kurzfristig einen Rabatt auf Reifenwechsel an.

Welche KLR-Methode hilft zu prüfen, ob sich diese Aktion lohnt?

Die Deckungsbeitragsrechnung zeigt, ob der erzielte Erlös nach Abzug der variablen Kosten noch zur Deckung der Fixkosten beiträgt.

Ein Werkstattinhaber bemerkt, dass seine Lackierabteilung Verluste macht.

Wie kann die KLR helfen, die Ursache zu finden?

Durch die Kostenstellenrechnung werden die Kosten genau den einzelnen Betriebsbereichen zugeordnet. So lassen sich verlustreiche Abteilungen identifizieren und gezielt optimieren.

Was versteht man in der KLR unter „Gemeinkosten"?

Das sind Kosten, die nicht direkt einem Produkt oder Auftrag zugeordnet werden können, z. B. Miete, Verwaltung oder Energiekosten. Sie werden über Verteilungsschlüssel auf Kostenstellen und Kostenträger umgelegt.

Ein Betriebsleiter überlegt, ob er eine unprofitable Serviceleistung streicht.

Welche KLR-Auswertung ist dafür besonders hilfreich?

Die Break-even-Analyse zeigt, ab welcher Leistungsmenge die Kosten gedeckt sind. Liegt der Absatz dauerhaft unterhalb dieser Menge, ist eine Einstellung oder Anpassung wirtschaftlich sinnvoll.

Welche Vorteile hat die KLR für die Preisgestaltung im Kfz-Handwerk?

Sie ermöglicht eine kostenorientierte Kalkulation, verhindert Unterdeckung durch zu niedrige Preise und liefert Argumentationsgrundlagen bei Preisverhandlungen mit Kunden oder Auftraggebern.

Ein Kfz-Betrieb möchte wissen, ob ein geplanter Rabatt den Gewinn schmälert oder durch Mehrumsatz ausgleicht.

Wie wird das ermittelt?

Durch eine Deckungsbeitrags- und Sensitivitätsanalyse lässt sich berechnen, wie sich Preisänderungen auf die Gewinnmarge auswirken und ob der notwendige Mehrabsatz realistisch erzielbar ist.

Warum ist eine präzise Kalkulation für einen Kfz-Betrieb geschäftsentscheidend?

Sie stellt sicher, dass alle Kosten vollständig berücksichtigt und angemessene Gewinnmargen erzielt werden. Eine fehlerhafte Kalkulation kann zu Unterdeckung, Liquiditätsengpässen und langfristig zu wirtschaftlichen Problemen führen.

Welche Hauptkostenarten fließen in die Kalkulation von Werkstattleistungen ein?

Dazu gehören Materialkosten, Lohnkosten, Gemeinkosten (z. B. Miete, Energie), kalkulatorische Kosten wie Abschreibungen und ein Gewinnaufschlag. Jede Kostenart muss realistisch ermittelt und regelmäßig überprüft werden.

Ein Werkstattinhaber möchte den Stundenverrechnungssatz anpassen.

Welche Faktoren muss er dafür analysieren?

Er muss Lohnkosten pro Stunde, Produktivitätsquote, fixe und variable Gemeinkosten, Auslastung der Werkstatt sowie den gewünschten Gewinnanteil berücksichtigen, um einen wirtschaftlich tragfähigen Satz zu berechnen.

Ein Betrieb bietet Reifenwechsel zu einem Pauschalpreis an.

Wie kann er sicherstellen, dass dieser Preis kostendeckend ist?

Durch eine Vorkalkulation, bei der alle relevanten Kosten (Material, Arbeitszeit, Gemeinkostenanteil) ermittelt und mit dem Pauschalpreis verglichen werden. Nur wenn der Preis den kalkulierten Kosten plus Gewinn entspricht, ist er wirtschaftlich.

Welche Rolle spielt die Nachkalkulation im Kfz-Betrieb?

Sie überprüft nach Abschluss eines Auftrags, ob die tatsächlichen Kosten und Zeiten mit den geplanten Werten übereinstimmen. Abweichungen zeigen Optimierungsbedarf in der Kalkulation oder im Arbeitsablauf.

Ein Kunde möchte wissen, warum eine Inspektion bei einem freien Betrieb günstiger ist als beim Markenautohaus.

Welche Kalkulationsfaktoren können den Preisunterschied erklären?

Unterschiede können durch geringere Gemeinkosten, abweichende Lohnsätze, den Einsatz von gleichwertigen, aber günstigeren Ersatzteilen und eine andere Kalkulationsbasis entstehen.

Warum ist die Auslastung der Werkstatt ein wesentlicher Faktor bei der Kalkulation des Stundenverrechnungssatzes?

Eine hohe Auslastung verteilt die fixen Gemeinkosten auf mehr produktive Stunden, was den Verrechnungssatz senkt. Niedrige Auslastung hingegen erhöht den Anteil der Fixkosten pro Stunde und macht die Kalkulation teurer.

Ein Betrieb möchte Sonderrabatte anbieten, um Neukunden zu gewinnen.

Wie kann er prüfen, ob sich diese lohnen?

Mit einer Deckungsbeitragsrechnung lässt sich ermitteln, ob der reduzierte Preis nach Abzug der variablen Kosten noch zur Deckung der Fixkosten beiträgt und ob ein realistisch erzielbarer Mehrumsatz die Rabattaktion rechtfertigt.

Welche Bedeutung haben kalkulatorische Kosten in der Preiskalkulation?

Kalkulatorische Kosten wie Unternehmerlohn, Abschreibungen oder Zinsen auf eingesetztes Kapital sichern, dass auch nicht zahlungswirksame Aufwendungen in die Preisgestaltung einfließen und der Betrieb langfristig wirtschaftlich bleibt.

Ein Kfz-Meister bemerkt, dass seine Preise seit Jahren unverändert sind, während die Kosten gestiegen sind.

Welche Gefahr besteht?

Es entsteht eine schleichende Unterdeckung, bei der die Marge kontinuierlich sinkt. Ohne regelmäßige Kalkulationsanpassung verliert der Betrieb Gewinnpotenzial und gefährdet seine finanzielle Stabilität.

Warum ist eine kontinuierliche Liquiditätsplanung für einen Kfz-Betrieb unverzichtbar?

Sie stellt sicher, dass jederzeit genügend flüssige Mittel zur Begleichung von Verbindlichkeiten vorhanden sind. So werden Zahlungsausfälle, Mahnkosten und Liquiditätsengpässe vermieden, die im schlimmsten Fall den Fortbestand des Unternehmens gefährden.

Ein Betrieb hat im Frühjahr hohe Ersatzteilbestellungen, aber Kundenzahlungen kommen verzögert.

Welche Maßnahme kann die Liquidität kurzfristig sichern?

Kurzfristig können Zahlungsziele mit Lieferanten verlängert, Skontovereinbarungen mit Kunden angepasst oder Kontokorrentkredite genutzt werden, um den Zeitraum zwischen Ausgaben und Einnahmen zu überbrücken.

Was versteht man unter dem operativen Cashflow?

Er beschreibt den Zahlungsüberschuss aus dem Kerngeschäft innerhalb einer bestimmten Periode. Ein positiver operativer Cashflow zeigt, dass der laufende Betrieb genügend Mittel erwirtschaftet, um Ausgaben und Investitionen zu decken.

Ein Kfz-Betrieb möchte eine neue Lackieranlage kaufen.

Warum reicht es nicht aus, nur den aktuellen Kontostand zu betrachten?

Der Kontostand bildet nur die momentane Situation ab, während die Liquiditätsplanung zukünftige Ein- und Auszahlungen berücksichtigt. So lässt sich vermeiden, dass Investitionen zu späteren Liquiditätsengpässen führen.

Welche Vorteile bringt ein monatlicher Liquiditätsplan für die Unternehmenssteuerung?

Er ermöglicht die Frühwarnung vor Engpässen, verbessert die Planbarkeit von Investitionen, erleichtert Kreditverhandlungen und schafft eine fundierte Grundlage, um Zahlungsströme gezielt zu optimieren.

Was ist das Ziel des Controllings im Kfz-Betrieb?

Controlling dient der zielgerichteten Steuerung des Unternehmens durch systematische Planung, Überwachung und Analyse betriebswirtschaftlicher Kennzahlen. Ziel ist es, Abweichungen frühzeitig zu erkennen und geeignete Gegenmaßnahmen einzuleiten, um die Wirtschaftlichkeit und Wettbewerbsfähigkeit zu sichern.

Ein Werkstattleiter möchte wissen, welche Bereiche besonders profitabel arbeiten.

Welches Controllinginstrument eignet sich?

Die Kostenstellenrechnung weist Kosten einzelnen Unternehmensbereichen wie Werkstatt, Lackiererei oder Verwaltung zu.
Sie ermöglicht die Ermittlung der Wirtschaftlichkeit einzelner Abteilungen und zeigt Optimierungspotenziale auf.

Was versteht man unter der Balanced Scorecard?

Die Balanced Scorecard ist ein strategisches Steuerungsinstrument, das nicht nur finanzielle Kennzahlen, sondern auch Kundenperspektive, interne Prozesse sowie Lern- und Entwicklungspotenziale betrachtet. Sie schafft ein ausgewogenes Bild der Unternehmensleistung.

Ein Betrieb möchte die Preisgestaltung überprüfen, um wettbewerbsfähig zu bleiben.

Welches Instrument liefert dafür die besten Daten?

Die Deckungsbeitragsrechnung analysiert, welche Leistungen oder Produkte nach Abzug der variablen Kosten zur Deckung der Fixkosten beitragen. Sie zeigt auf, welche Angebote rentabel sind und welche angepasst werden sollten.

Warum ist die Budgetkontrolle ein zentrales Instrument im Controlling?

Sie vergleicht geplante Ausgaben mit den tatsächlich angefallenen Kosten und deckt Abweichungen frühzeitig auf. So können unnötige Ausgaben vermieden, Mittel gezielt eingesetzt und die Finanzplanung abgesichert werden.

Welche rechtliche Voraussetzung gilt für die Ausübung eines zulassungspflichtigen Handwerks wie dem Kfz-Technikerhandwerk?

Nach der Handwerksordnung (HwO) ist für zulassungspflichtige Handwerke der Meisterbrief oder eine gleichwertige Qualifikation erforderlich. Erst danach kann der Betrieb in die Handwerksrolle eingetragen und rechtmäßig geführt werden.

Ein Kfz-Meister möchte seinen Betrieb eröffnen.

Welche Anmeldung muss er vor Aufnahme der Tätigkeit vornehmen?

Zunächst ist eine Gewerbeanmeldung beim zuständigen Gewerbeamt erforderlich. Diese löst automatisch Meldungen an Handwerkskammer, Finanzamt, Berufsgenossenschaft und ggf. Industrie- und Handelskammer aus.

Was regelt die Handwerksordnung (HwO) im Wesentlichen?

Die HwO legt fest, welche Berufe zulassungspflichtig sind, welche Qualifikationen erforderlich sind, wie die Handwerksrolle geführt wird und welche Pflichten Handwerksbetriebe im Hinblick auf Ausbildung, Betriebsführung und Qualitätssicherung haben.

Ein Unternehmer bietet in seiner Werkstatt Dienstleistungen an, die er nicht im Gewerbeschein eingetragen hat.

Welche Konsequenzen drohen?

Dies stellt einen Verstoß gegen die Gewerbeordnung dar und kann zu Bußgeldern, einer Untersagung der Tätigkeit und ggf. steuerrechtlichen Konsequenzen führen. Zudem können Kunden Gewährleistungsansprüche gefährden.

Was versteht man unter unlauterem Wettbewerb nach dem UWG?

Unlauterer Wettbewerb umfasst geschäftliche Handlungen, die gegen die guten Sitten im Wettbewerb verstoßen – etwa irreführende Werbung, unzulässige Nachahmung, aggressive Verkaufsmethoden oder gezielte Herabsetzung von Mitbewerbern.

Ein Betrieb wirbt mit „Bestpreisgarantie“, obwohl er nicht immer günstiger ist.

Welche rechtliche Bewertung trifft zu?

Dies gilt als irreführende Werbung nach dem Gesetz gegen den unlauteren Wettbewerb (UWG) und kann Abmahnungen, Unterlassungsforderungen und Schadensersatzansprüche nach sich ziehen.

Welche Pflichten hat ein Kfz-Betrieb nach der Gewerbeordnung in Bezug auf den Betriebssitz?

Der Betriebssitz muss den baurechtlichen, sicherheitstechnischen und hygienischen Vorschriften entsprechen, dauerhaft erreichbar sein und als geschäftliche Adresse im Gewerberegister geführt werden.

Ein Werkstattinhaber möchte Filialen eröffnen.

Welche gewerberechtliche Regelung ist zu beachten?

Jede Betriebsstätte muss separat beim Gewerbeamt angemeldet werden. Zusätzlich ist zu prüfen, ob für jede Filiale die handwerksrechtlichen Voraussetzungen, wie Meisterpräsenz, erfüllt sind.

Was ist der Unterschied zwischen zulassungspflichtigen und zulassungsfreien Handwerken?

Zulassungspflichtige Handwerke erfordern einen Meisterbrief oder gleichwertige Qualifikation und Eintragung in die Handwerksrolle. Zulassungsfreie Handwerke können ohne Meisterbrief betrieben werden, unterliegen aber ebenfalls der Gewerbeanmeldung.

Ein Kfz-Betrieb wirbt aggressiv Kunden von Mitbewerbern ab.

Welche rechtliche Problematik könnte entstehen?

Dies kann als gezielte Behinderung von Mitbewerbern nach dem UWG gewertet werden, wenn unlautere Methoden wie falsche Tatsachenbehauptungen oder Druckausübung angewendet werden.

Welche Voraussetzungen müssen nach dem BGB vorliegen, damit ein wirksamer Vertrag entsteht?

Erforderlich sind Angebot und Annahme inhaltlich übereinstimmend, die Vertragsparteien müssen geschäftsfähig sein, und der Vertragsinhalt darf nicht gegen Gesetze oder die guten Sitten verstoßen. In bestimmten Fällen ist zudem eine gesetzlich vorgeschriebene Form einzuhalten.

Ein Kunde erteilt telefonisch einen Auftrag zur Fahrzeugreparatur.

Ist dieser Vertrag wirksam?

Ja, Reparaturverträge können formlos geschlossen werden, solange Angebot und Annahme übereinstimmen. Der Betrieb sollte jedoch eine schriftliche Auftragsbestätigung zur Beweissicherung erstellen.

Worin liegt der wesentliche Unterschied zwischen einem Kaufvertrag und einem Werkvertrag?

Beim Kaufvertrag schuldet der Verkäufer die Übereignung einer Sache und deren Mangelfreiheit, beim Werkvertrag der Unternehmer die Herstellung eines bestimmten Erfolges, z. B. eine durchgeführte Reparatur oder ein individuelles Bauteil.

Ein Kunde reklamiert nach einer Reparatur, dass der Mangel weiterhin besteht.

Welcher Vertragstyp ist betroffen und welche Rechte hat der Kunde?

Es handelt sich um einen Werkvertrag. Der Kunde hat Anspruch auf Nacherfüllung (§ 635 BGB), und bei Scheitern kann er Minderung, Rücktritt oder Schadensersatz verlangen.

Welche Pflichten hat der Verkäufer bei einem Kaufvertrag nach dem BGB?

Er muss die gekaufte Sache mangelfrei liefern, das Eigentum daran übertragen und sie frei von Rechten Dritter übergeben.
Die Mangelfreiheit richtet sich nach vereinbarter Beschaffenheit oder üblichen Erwartungen (§ 434 BGB).

Ein Kfz-Betrieb verkauft einen Gebrauchtwagen „wie gesehen".

Welche Bedeutung hat dieser Zusatz?

Er schränkt die Gewährleistung auf offensichtliche Mängel ein, befreit den Verkäufer jedoch nicht von der Haftung für arglistig verschwiegene oder zugesicherte Eigenschaften. Bei Verbraucherverträgen gelten zudem zwingende Gewährleistungsfristen.

Welche Pflicht hat der Kunde bei einem Werkvertrag, nachdem das Werk fertiggestellt ist?

Der Kunde ist verpflichtet, das Werk abzunehmen (§ 640 BGB), sofern es vertragsgemäß hergestellt wurde. Mit der Abnahme beginnt die Gewährleistungsfrist, und das Risiko geht auf den Kunden über.

Ein Werkstattleiter möchte einen Reparaturauftrag nur gegen Anzahlung ausführen.

Ist das rechtlich zulässig?

Ja, sofern dies vertraglich vereinbart oder in den Allgemeinen Geschäftsbedingungen geregelt ist. Die Anzahlung dient als Sicherheit und reduziert das Risiko offener Forderungen.

Was ist eine Beschaffenheitsvereinbarung im Kaufvertrag?

Eine Beschaffenheitsvereinbarung ist eine konkrete Festlegung von Eigenschaften der Kaufsache, z. B. Baujahr, Kilometerstand oder Unfallfreiheit. Sie ist rechtlich bindend und dient als Maßstab für die Mangelfreiheit.

Ein Kunde bestellt ein Ersatzteil, das nach Lieferung nicht passt.

Welche Rechte hat er?

Bei einem Kaufvertrag kann der Kunde Nacherfüllung verlangen, also Lieferung eines passenden Teils oder Nachbesserung.

Schlägt dies fehl, stehen ihm Minderung, Rücktritt und ggf. Schadensersatz zu (§§ 437 ff. BGB).

Was ist der grundlegende Unterschied zwischen Haftung und Gewährleistung?

Gewährleistung ist die gesetzliche Pflicht, für Mängel einzustehen, die bereits bei Übergabe einer Sache vorlagen. Haftung umfasst darüber hinaus die Verantwortung für Schäden, die durch eigenes Verschulden, Pflichtverletzungen oder unerlaubte Handlungen verursacht wurden.

Ein Kunde bringt sein Fahrzeug zur Reparatur und stellt nach einer Woche einen weiteren Defekt fest, der nicht Teil des ursprünglichen Auftrags war.

Ist der Betrieb verpflichtet, diesen kostenlos zu beheben?

Nein, sofern der neue Defekt nicht im Zusammenhang mit der erbrachten Leistung steht. Eine kostenlose Nachbesserung ist nur geschuldet, wenn der Schaden durch die Werkstattleistung verursacht oder ein vereinbarter Erfolg nicht erreicht wurde.

Wie lange beträgt die gesetzliche Gewährleistungsfrist bei Werkleistungen im Kfz-Bereich?

In der Regel zwei Jahre bei Arbeiten an beweglichen Sachen (§ 634a BGB). Bei gebrauchten Sachen kann sie im B2C-Bereich vertraglich auf ein Jahr verkürzt werden, im B2B-Bereich auch kürzer, sofern dies wirksam vereinbart ist.

Ein Kfz-Betrieb verliert während einer Probefahrt das Fahrzeug des Kunden durch einen Unfall.

Welche rechtliche Grundlage greift?

Hier greift die vertragliche und deliktische Haftung. Der Betrieb muss für den entstandenen Schaden aufkommen, sofern er oder seine Mitarbeiter fahrlässig oder vorsätzlich gehandelt haben. Eine Betriebshaftpflichtversicherung kann hier eintreten.

Warum ist die Dokumentation bei der Auftragsabwicklung so wichtig im Hinblick auf Haftung und Gewährleistung?

Eine lückenlose Dokumentation von Auftrag, Arbeitsschritten, verwendeten Teilen und Absprachen dient als Beweisgrundlage. Sie kann Haftungsrisiken minimieren, Gewährleistungsfälle klar abgrenzen und Rechtsstreitigkeiten vermeiden.

Welche Steuerarten betreffen einen Kfz-Betrieb regelmäßig?

Relevante Steuerarten sind die Einkommensteuer (bei Einzelunternehmen und Personengesellschaften), die Körperschaftsteuer (bei Kapitalgesellschaften), die Umsatzsteuer, die Gewerbesteuer sowie die Lohnsteuer, die für beschäftigte Mitarbeiter einzubehalten und abzuführen ist.

Ein Kfz-Betrieb verkauft ein Ersatzteil mit Einbau.

Welche steuerliche Besonderheit gilt hierbei?

Bei Kombination von Material und Arbeitsleistung liegt in der Regel eine einheitliche Werkleistung vor. Die Umsatzsteuer fällt auf den Gesamtpreis an, wobei der Regelsteuersatz von 19 % gilt.

Eine Aufsplittung ist nicht erforderlich, solange die Leistung eine Einheit bildet.

Warum ist die Gewerbesteuer für die Standortwahl eines Betriebs von Bedeutung?

Die Höhe der Gewerbesteuer hängt vom kommunalen Hebesatz ab, der sich je nach Standort stark unterscheidet. Ein hoher Hebesatz erhöht die Steuerlast erheblich, weshalb die Standortwahl direkte finanzielle Auswirkungen auf die Rentabilität des Unternehmens haben kann.

Ein Kfz-Unternehmer kauft eine neue Diagnoseanlage für 25.000 €.

Wie wirkt sich dies steuerlich aus?

Da es sich um ein Wirtschaftsgut des Anlagevermögens handelt, sind die Anschaffungskosten nicht sofort abziehbar. Sie werden über die Abschreibung (AfA) über die betriebsgewöhnliche Nutzungsdauer verteilt, wodurch sich die Steuerlast über mehrere Jahre mindert.

Welche Folgen hat es, wenn Umsatzsteuervoranmeldungen verspätet oder fehlerhaft abgegeben werden?

Es drohen Säumniszuschläge, Verspätungszuschläge sowie ggf. Steuerstrafverfahren bei vorsätzlichem oder grob fahrlässigem Verhalten. Zudem kann das Finanzamt Vorauszahlungen anpassen oder engmaschigere Prüfungen anordnen, was die Liquidität und Planungssicherheit belastet.

Welche zentrale Vorgabe der DSGVO müssen Kfz-Betriebe im Umgang mit Kundendaten beachten?

Kundendaten dürfen nur nach dem Prinzip der Zweckbindung verarbeitet werden. Das bedeutet: Sie dürfen ausschließlich für den klar definierten Zweck (z. B. Terminvereinbarung, Rechnungsstellung) genutzt werden, für den sie erhoben wurden. Jede darüber hinausgehende Nutzung erfordert eine Einwilligung.

Ein Betrieb möchte Kundendaten für einen Newsletter verwenden.

Welche Voraussetzung gilt?

Der Kunde muss dem Erhalt von Werbung ausdrücklich zustimmen (Einwilligung nach Art. 6 DSGVO). Diese Zustimmung muss dokumentiert werden, z. B. über ein Double-Opt-in-Verfahren, und kann jederzeit widerrufen werden.

Warum ist das Widerrufsrecht für Verbraucher bei Werkverträgen wichtig?

Bei außerhalb von Geschäftsräumen oder online geschlossenen Verträgen haben Verbraucher ein 14-tägiges Widerrufsrecht. Dies schützt Kunden vor übereilten Entscheidungen und verpflichtet Betriebe, über dieses Recht klar und verständlich zu informieren.

Ein Kunde reklamiert, dass seine Daten unbefugt an einen Drittanbieter weitergegeben wurden.

Welche Konsequenzen drohen dem Betrieb?

Verstöße gegen die DSGVO können zu Bußgeldern in Millionenhöhe, Schadensersatzforderungen sowie erheblichem Vertrauensverlust führen. Zudem können Aufsichtsbehörden zusätzliche Prüfungen anordnen, die den Betrieb belasten.

Welche Informationspflichten gelten nach dem Verbraucherrecht für Kfz-Betriebe?

Betriebe müssen Kunden vor Vertragsabschluss über Leistungsumfang, Preise, Widerrufsrechte, Liefer- und Zahlungsbedingungen klar informieren. Diese Transparenz schützt Verbraucher vor Irreführung und ist Voraussetzung für rechtswirksame Verträge.

Welche rechtliche Möglichkeit hat ein Kfz-Betrieb, wenn ein Kunde eine Rechnung nicht bezahlt?

Der Betrieb kann ein gerichtliches Mahnverfahren einleiten. Dabei wird zunächst ein Mahnbescheid beantragt, der dem Schuldner zugestellt wird. Erfolgt kein Widerspruch, kann ein Vollstreckungsbescheid erwirkt und die Zwangsvollstreckung betrieben werden.

Ein Kunde widerspricht dem Mahnbescheid.

Welche Folge ergibt sich daraus?

Mit dem Widerspruch endet das Mahnverfahren. Der Anspruch kann dann nur noch im Klageverfahren vor Gericht durchgesetzt werden, wo eine inhaltliche Prüfung der Forderung stattfindet. Der Gläubiger muss Beweise wie Rechnungen oder Verträge vorlegen.

Warum ist es für einen Betrieb sinnvoll, zunächst außergerichtliche Mahnungen zu verschicken?

Sie sind kostengünstiger, erhalten die Kundenbeziehung und geben dem Schuldner die Möglichkeit zur freiwilligen Zahlung. Außerdem können sie im Streitfall als Nachweis dienen, dass der Schuldner bereits in Verzug gesetzt wurde.

Ein Zulieferer des Kfz-Betriebs meldet Insolvenz an.

Welche Folgen hat das für den Betrieb?

Offene Forderungen müssen beim Insolvenzverwalter angemeldet werden. In der Regel erhalten Gläubiger jedoch nur eine Insolvenzquote, die deutlich unter der ursprünglichen Forderung liegt. Gleichzeitig können laufende Lieferverträge durch den Verwalter gekündigt werden.

Welche Bedeutung hat ein vollstreckbarer Titel im Forderungsmanagement?

Ein vollstreckbarer Titel, z. B. ein Vollstreckungsbescheid oder Urteil, ist die rechtliche Grundlage, um Zwangsvollstreckungsmaßnahmen wie Kontopfändung, Sachpfändung oder Lohnpfändung einzuleiten. Er sichert den Anspruch bis zu 30 Jahre.

Warum ist die Ermittlung des quantitativen Personalbedarfs für einen Kfz-Betrieb wichtig?

Der quantitative Personalbedarf zeigt, wie viele Mitarbeiter für die geplanten Aufträge und Leistungen notwendig sind. Dadurch wird Über- oder Unterbesetzung vermieden, Kosten werden kontrollierbar gehalten und die termingerechte Leistungserbringung gesichert.

Ein Betrieb möchte sein Leistungsspektrum um Karosseriearbeiten erweitern.

Welche Schritte sind in der Personalplanung erforderlich?

Es muss geprüft werden, ob das vorhandene Team ausreichend qualifiziert ist oder ob zusätzliches Fachpersonal benötigt wird. Anschließend erfolgt die Anpassung der Stellenprofile, die Rekrutierung geeigneter Kräfte und die Integration dieser in den bestehenden Betriebsablauf.

Welche Faktoren beeinflussen den qualitativen Personalbedarf?

Der qualitative Personalbedarf richtet sich nach den erforderlichen Qualifikationen und Kompetenzen, die für die Aufgabenerfüllung notwendig sind. Dazu gehören Fachkenntnisse im Kfz-Bereich, digitale Kompetenzen (z. B. Diagnosegeräte), soziale Fähigkeiten sowie Weiterbildungsbereitschaft.

Ein Werkstattinhaber stellt fest, dass regelmäßig Überstunden anfallen.

Welche personalplanerische Konsequenz ergibt sich daraus?

Häufige Überstunden deuten auf eine Unterdeckung des Personalbestands hin. Der Betrieb muss prüfen, ob Neueinstellungen oder eine bessere Arbeitsorganisation erforderlich sind, um die Belastung zu reduzieren und die Arbeitszufriedenheit zu sichern.

Warum ist die strategische Personalplanung für die Zukunftssicherung eines Betriebs entscheidend?

Strategische Personalplanung berücksichtigt erwartete Marktentwicklungen, technologische Trends und den demografischen Wandel. Sie stellt sicher, dass der Betrieb auch langfristig über qualifiziertes Personal verfügt und wettbewerbsfähig bleibt.

Welche wesentlichen Inhalte muss ein Arbeitsvertrag enthalten?

Ein Arbeitsvertrag sollte Angaben zu Arbeitszeit, Vergütung, Urlaub, Kündigungsfristen, Tätigkeitsbeschreibung und zum Einsatzort enthalten. Diese Punkte sichern Transparenz, schaffen Rechtssicherheit und vermeiden spätere Streitigkeiten.

Ein Kfz-Betrieb beschäftigt einen Mitarbeiter in Teilzeit, gibt aber keine klare Regelung zu den Arbeitszeiten.

Welche Risiken entstehen daraus?

Ohne klare Vereinbarung kann der Arbeitnehmer selbst bestimmen, wann er arbeitet. Dies führt zu Planungsunsicherheit und Konflikten. Eine schriftliche Festlegung der Arbeitszeit schützt beide Seiten.

Welche gesetzliche Vorschrift regelt die maximale tägliche Arbeitszeit?

Das Arbeitszeitgesetz (ArbZG) begrenzt die tägliche Arbeitszeit auf acht Stunden. Sie darf auf zehn Stunden verlängert werden, wenn innerhalb von sechs Monaten ein Ausgleich erfolgt. Ziel ist der Schutz der Gesundheit der Arbeitnehmer.

Ein Mitarbeiter wird häufig krank und legt keine Arbeitsunfähigkeitsbescheinigung vor.

Welche Rechte hat der Arbeitgeber?

Der Arbeitgeber kann ab dem ersten Krankheitstag eine ärztliche Bescheinigung verlangen. Erfolgt diese nicht, besteht kein Anspruch auf Entgeltfortzahlung. Bei Missbrauch können arbeitsrechtliche Maßnahmen bis zur Kündigung erfolgen.

Welche Besonderheit gilt bei der Befristung von Arbeitsverträgen ohne Sachgrund?

Nach dem Teilzeit- und Befristungsgesetz (TzBfG) dürfen solche Verträge höchstens zwei Jahre dauern. Innerhalb dieser Zeit sind höchstens drei Verlängerungen zulässig. Eine längere Befristung erfordert einen sachlichen Grund.

Ein Auszubildender beschwert sich über nicht gewährte Pausen.

Welche Regelungen greifen?

Nach dem Jugendarbeitsschutzgesetz haben Jugendliche Anspruch auf mindestens 30 Minuten Pause bei mehr als viereinhalb Stunden Arbeitszeit, Erwachsene auf 30 Minuten bei mehr als sechs Stunden. Pausen sind zwingend einzuhalten und dürfen nicht am Stück am Arbeitsende genommen werden.

Welche Rolle spielt der Kündigungsschutz im Arbeitsrecht?

Der Kündigungsschutz schützt Arbeitnehmer vor willkürlichen Entlassungen. Nach sechs Monaten Betriebszugehörigkeit gilt das Kündigungsschutzgesetz (KSchG), sofern der Betrieb mehr als zehn Mitarbeiter hat. Kündigungen müssen dann sozial gerechtfertigt sein.

Ein Betrieb plant Kurzarbeit.

Welche Voraussetzungen müssen erfüllt sein?

Kurzarbeit erfordert eine betriebliche Vereinbarung mit Zustimmung der Arbeitnehmer oder des Betriebsrats. Zudem muss ein erheblicher Arbeitsausfall vorliegen, der vorübergehend und unvermeidbar ist. Das Unternehmen muss Kurzarbeit bei der Arbeitsagentur anzeigen.

Welche Ansprüche hat ein Arbeitnehmer nach Beendigung des Arbeitsverhältnisses?

Der Arbeitnehmer hat Anspruch auf ein qualifiziertes Arbeitszeugnis, Abgeltung offener Urlaubsansprüche und ggf. auf Restvergütung. Diese Ansprüche sollten zeitnah geltend gemacht werden, um Verjährung oder Ausschlussfristen zu vermeiden.

Ein Mechaniker arbeitet regelmäßig mehr Stunden als vereinbart, ohne dass Überstunden dokumentiert werden.

Welche Folgen drohen dem Arbeitgeber?

Werden Überstunden stillschweigend akzeptiert, gilt dies als konkludente Anordnung. Der Arbeitgeber muss diese dann vergüten oder durch Freizeit ausgleichen. Eine klare Arbeitszeitregelung und Dokumentation sind daher zwingend erforderlich.

Welche Faktoren bestimmen die langfristige Mitarbeitermotivation in einem Kfz-Betrieb?

Motivation entsteht durch faire Bezahlung, Anerkennung, Entwicklungsmöglichkeiten und ein positives Arbeitsklima.

Entscheidend ist, dass Mitarbeiter nicht nur materiell, sondern auch durch Wertschätzung und Chancen zur Mitgestaltung an den Betrieb gebunden werden.

Ein Werkstattleiter bemerkt, dass das Team nach Einführung eines neuen Diagnosesystems verunsichert wirkt.

Welche Maßnahme unterstützt die Motivation?

Gezielte Schulungen und Trainings geben Sicherheit im Umgang mit der Technik. So wird Frustration vermieden, die Leistungsfähigkeit gesteigert und gleichzeitig die Motivation gestärkt, Neues erfolgreich in die Praxis umzusetzen.

Welche Bedeutung haben Mitarbeitergespräche für die Personalentwicklung?

Mitarbeitergespräche ermöglichen den Austausch über Leistungen, Ziele und Entwicklungswünsche. Sie fördern Vertrauen, machen Erwartungen klar und zeigen Wege für Weiterbildung und Karriereentwicklung im Betrieb auf.

Ein Geselle fühlt sich trotz guter Leistung nicht ausreichend wertgeschätzt.

Wie kann der Betrieb reagieren?

Neben Gehaltserhöhungen spielen Anerkennung im Alltag, Lob und Einbindung in Entscheidungen eine zentrale Rolle. Diese immateriellen Faktoren steigern die Identifikation mit dem Betrieb und wirken oft nachhaltiger als reine finanzielle Anreize.

Warum sind Weiterbildungsmaßnahmen ein zentrales Instrument der Motivation?

Sie vermitteln Mitarbeitern das Gefühl, dass ihre Fähigkeiten geschätzt und gefördert werden. Gleichzeitig sichern Weiterbildungen den fachlichen Vorsprung des Betriebs, erhöhen die Bindung und eröffnen Perspektiven für beruflichen Aufstieg.

Welche rechtlichen Grundlagen sind bei der Planung von Ausbildungsplätzen zu beachten?

Grundlage ist das Berufsbildungsgesetz (BBiG) sowie die jeweilige Ausbildungsordnung des Berufs. Sie regeln Inhalte, Dauer und Ablauf der Ausbildung. Zusätzlich müssen Vorgaben der Handwerkskammern und Jugendarbeitsschutzbestimmungen eingehalten werden.

Ein Betrieb möchte erstmals ausbilden,
hat aber noch keine Erfahrung.

Welche Schritte sind notwendig, bevor der erste Azubi eingestellt werden kann?

Der Betrieb benötigt die Ausbildungsberechtigung, die durch die Handwerkskammer geprüft wird. Dazu gehört ein Meistertitel oder eine gleichwertige Qualifikation, eine geeignete Ausstattung der Werkstatt und ein geregelter Ausbildungsplan.

Warum ist ein betrieblicher Ausbildungsplan für jeden Azubi notwendig?

Er strukturiert die Ausbildung nach den Vorgaben der Ausbildungsordnung und stellt sicher, dass alle relevanten Inhalte vermittelt werden. Gleichzeitig dient er als Orientierung für Ausbilder und Auszubildende und erleichtert die Kontrolle durch die Kammer.

Ein Auszubildender zeigt Leistungsprobleme in der Berufsschule.

Welche Maßnahmen unterstützen den erfolgreichen Abschluss?

Der Betrieb kann durch Lernhilfen, Nachhilfe oder interne Schulungen gezielt unterstützen. Ergänzend sind Gespräche mit Lehrern und Eltern hilfreich, um individuelle Probleme zu erkennen und passende Lösungen zu entwickeln.

Welche Rolle spielt die Auswahl geeigneter Auszubildender für den Betriebserfolg?

Sorgfältig ausgewählte Azubis tragen langfristig zur Fachkräftesicherung bei. Ein strukturiertes Auswahlverfahren, das schulische Leistungen, Motivation und handwerkliches Geschick berücksichtigt, erhöht die Chance, engagierte Mitarbeiter dauerhaft zu binden.

Warum sind regelmäßige Mitarbeitergespräche ein wichtiges Führungsinstrument?

Sie schaffen eine strukturierte Möglichkeit, Leistung, Ziele und persönliche Entwicklung zu besprechen. Dadurch werden Transparenz und Vertrauen gestärkt, Konflikte früh erkannt und Motivation sowie Bindung der Mitarbeiter gefördert.

Ein Werkstattmeister bemerkt, dass ein Mitarbeiter nachlassendes Engagement zeigt.

Wie kann ein Mitarbeitergespräch helfen?

Durch ein gezieltes Gespräch lassen sich Ursachen wie Überlastung, Unzufriedenheit oder fehlende Anerkennung herausfinden. Werden diese Themen offen angesprochen, können gemeinsam Lösungen entwickelt werden, um die Motivation wieder zu steigern.

Welche zentralen Inhalte sollte ein strukturiertes Mitarbeitergespräch umfassen?

Ein strukturiertes Gespräch behandelt Leistung, Zusammenarbeit, Zielvereinbarungen und Entwicklungsmöglichkeiten. Zudem werden Feedback des Mitarbeiters aufgenommen und konkrete Maßnahmen zur Weiterentwicklung festgelegt.

Ein Mitarbeiter fühlt sich durch eine Beurteilung unfair behandelt.

Welche Vorgehensweise ist sinnvoll?

In einem Klärungsgespräch sollte der Mitarbeiter seine Sicht darstellen können. Der Vorgesetzte muss die Kriterien erläutern und gemeinsam eine Perspektive entwickeln. So bleibt das Vertrauen erhalten und die Beurteilung wird nachvollziehbarer.

Welche Vorteile hat ein standardisiertes Beurteilungssystem für den Betrieb?

Ein einheitliches System sorgt für Vergleichbarkeit, Objektivität und Transparenz. Es reduziert subjektive Verzerrungen, unterstützt Personalentscheidungen und dient als Grundlage für gezielte Personalentwicklung.

Welche vier klassischen Elemente bilden den Marketing-Mix?

Der Marketing-Mix umfasst die Produktpolitik, die Preispolitik, die Distributionspolitik und die Kommunikationspolitik. Diese Elemente wirken zusammen, um Marktbedürfnisse gezielt zu erfüllen und die Wettbewerbsposition des Unternehmens zu stärken.

Ein Kfz-Betrieb plant die Einführung eines neuen Servicepakets mit Inspektion und Reifenwechsel.

Welche Überlegung gehört zur Produktpolitik?

In der Produktpolitik wird entschieden, welche Leistungsinhalte, Qualitätsstandards und Zusatzservices enthalten sind. Ziel ist es, ein differenziertes Angebot zu schaffen, das Kundenbedürfnisse abdeckt und den Betrieb von Mitbewerbern abhebt.

Welche Ziele verfolgt die Preispolitik im Rahmen des Marketing-Mix?

Sie bestimmt die Preisstrategie und sorgt für ein Gleichgewicht zwischen Kosten, Gewinnspanne und Zahlungsbereitschaft der Kunden. Durch Rabatte, Finanzierungsmöglichkeiten oder Paketpreise kann die Nachfrage gezielt gesteuert werden.

Ein Betrieb überlegt, Ersatzteile direkt an Endkunden zu verkaufen.

Welche Entscheidung im Marketing-Mix ist betroffen?

Dies betrifft die Distributionspolitik, also die Wahl der Absatzwege. Ob Verkauf über Werkstatt, Online-Shop oder Partnernetzwerk, die Entscheidung beeinflusst Reichweite, Kostenstruktur und Kundenzugang erheblich.

Welche Aufgabe übernimmt die Kommunikationspolitik im Marketing-Mix?

Sie gestaltet die Außenwirkung des Unternehmens. Dazu zählen Werbung, Öffentlichkeitsarbeit, Verkaufsförderung und Social Media. Ziel ist, Vertrauen zu schaffen, Kunden zu binden und die Marke klar zu positionieren.

Ein Betrieb stellt fest, dass seine Rabattaktionen kaum Resonanz erzeugen.

Welche Anpassung wäre sinnvoll?

Statt pauschaler Preisnachlässe könnten zielgruppenorientierte Angebote wie Treueprogramme, Servicepakete oder zeitlich befristete Aktionen entwickelt werden. Dadurch steigt die wahrgenommene Wertigkeit und die Maßnahme wirkt motivierender auf Kunden.

Wie beeinflusst die Wahl der Vertriebskanäle die Wettbewerbsfähigkeit eines Kfz-Betriebs?

Unterschiedliche Kanäle wie Direktvertrieb, Kooperationen oder Online-Plattformen bestimmen Reichweite und Kundenzugang. Eine strategisch passende Auswahl ermöglicht Kostenvorteile, bessere Kundenbindung und eine stärkere Marktposition.

Ein Werkstattinhaber möchte jüngere Zielgruppen ansprechen.

Welche Rolle spielt dabei die Kommunikationspolitik?

Sie entscheidet, welche Kanäle, Botschaften und Formate genutzt werden. Für jüngere Zielgruppen sind digitale Medien wie Instagram oder YouTube besonders effektiv, um Reichweite, Image und Interaktion zu erhöhen.

Welche Wechselwirkungen bestehen zwischen den Elementen des Marketing-Mix?

Alle vier Bereiche müssen aufeinander abgestimmt sein:

Ein hochwertiges Produkt verlangt eine entsprechende Preisstrategie, eine geeignete Distribution und eine passende Kommunikation. Disharmonie schwächt die Wirkung des Gesamtkonzepts.

Ein Betrieb möchte seinen Umsatz steigern, ohne neue Kunden zu gewinnen.

Wie könnte der Marketing-Mix dazu beitragen?

Durch Cross-Selling, Servicepakete und gezielte Kommunikationsstrategien lässt sich der Umsatz pro Kunde erhöhen. Preisgestaltung und Produktpolitik werden so kombiniert, dass bestehende Kunden mehr Leistungen in Anspruch nehmen.

Welche Bedeutung hat eine hohe Servicequalität für die Kundenbindung?

Eine verlässliche Servicequalität vermittelt Vertrauen und Sicherheit. Kunden erleben den Betrieb als kompetent und fair, wodurch Wiederbesuche gefördert werden. Langfristig entsteht eine stabile Bindung, die weniger preisabhängig ist.

Ein Kunde beschwert sich über eine nicht termingerecht fertiggestellte Reparatur.

Wie sollte der Betrieb reagieren, um die Bindung nicht zu gefährden?

Eine ehrliche Entschuldigung, transparente Erklärung und ein angemessener Ausgleich wie ein kostenloser Ersatzwagen oder Preisnachlass zeigen Wertschätzung. Durch professionelles Beschwerdemanagement wird die Kundenbeziehung stabilisiert.

Welche Rolle spielen Zusatzleistungen bei der Kundenbindung?

Komfortdienste wie Hol- und Bringservice, Ersatzfahrzeuge oder digitale Terminbuchung steigern den Nutzen für den Kunden. Solche Mehrwerte differenzieren den Betrieb vom Wettbewerb und machen einen Wechsel weniger attraktiv.

Ein Kfz-Betrieb möchte die Zufriedenheit systematisch messen.

Welche Methode eignet sich?

Kundenzufriedenheitsumfragen, Online-Bewertungen oder Feedbackgespräche liefern wertvolle Einblicke. Sie zeigen Stärken und Schwächen auf und ermöglichen es, gezielt Maßnahmen zur Verbesserung der Servicequalität einzuleiten.

Wie wirken sich motivierte Mitarbeiter auf die Kundenbindung aus?

Engagierte Mitarbeiter treten freundlich, lösungsorientiert und zuverlässig auf. Dieses Verhalten prägt das Kundenerlebnis direkt und trägt dazu bei, dass Kunden Vertrauen aufbauen und den Betrieb dauerhaft bevorzugen.

Welche Faktoren beeinflussen die Preisgestaltung in einem Kfz-Betrieb?

Maßgeblich sind die Kostenstruktur, Marktnachfrage, Wettbewerbssituation und der wahrgenommene Kundennutzen. Ein Betrieb muss seine Preise so kalkulieren, dass sowohl Kostendeckung als auch eine angemessene Gewinnspanne erreicht werden.

Ein Betrieb überlegt, Neukunden mit hohen Rabatten anzulocken.

Welche Risiken sind damit verbunden?

Übermäßige Rabatte können den Preiswert der Leistungen entwerten und Kunden auf dauerhafte Vergünstigungen konditionieren. Zudem sinkt die Marge, was die Wirtschaftlichkeit gefährdet. Langfristig können Kundenbindung und Markenimage leiden.

Welche Rolle spielt die psychologische Preisgestaltung?

Sie nutzt Effekte wie Preisschwellen (z. B. 99 € statt 100 €), Paketangebote oder Staffelpreise, um die Kaufentscheidung zu erleichtern. Solche Maßnahmen beeinflussen die Wahrnehmung von Preis und Leistung, ohne die reale Kalkulation zu ändern.

Ein Stammkunde fragt nach einem Sonderrabatt für umfangreiche Reparaturen.

Wie sollte der Betrieb vorgehen?

Statt pauschaler Nachlässe empfiehlt es sich, individuelle Konditionen mit Transparenz zu begründen. Beispielsweise können Treuerabatte oder Rabatte ab einem bestimmten Auftragsvolumen angeboten werden, sodass der Kunde Wertschätzung erfährt und die Kalkulation dennoch stabil bleibt.

Welche Alternativen zu klassischen Rabatten können die Nachfrage steigern?

Zusatzleistungen, Servicepakete oder zeitlich befristete Aktionen bieten Kunden einen klaren Mehrwert, ohne den Preis dauerhaft zu senken. Dadurch wird die Bindung gestärkt und gleichzeitig die Rentabilität gesichert.

Welche Vorteile bietet Online-Marketing speziell für Kfz-Betriebe?

Es ermöglicht eine zielgerichtete Ansprache potenzieller Kunden, erhöht die Reichweite über regionale Grenzen hinaus und bietet durch digitale Kanäle messbare Erfolge. So lassen sich Marketingbudgets effizient einsetzen und flexibel anpassen.

Ein Kfz-Betrieb möchte seine Sichtbarkeit im Internet steigern.

Welche Maßnahmen im Bereich Suchmaschinenoptimierung sind sinnvoll?

Wichtige Schritte sind eine optimierte Website-Struktur, relevante Inhalte mit Keywords, lokale Einträge bei Google My Business sowie schnelle Ladezeiten. Dadurch steigt die Wahrscheinlichkeit, bei relevanten Suchanfragen gefunden zu werden.

Wie kann Social Media zur Kundenbindung beitragen?

Über Plattformen wie Facebook, Instagram oder YouTube können Betriebe direkt mit Kunden interagieren, Einblicke in den Werkstattalltag geben und Aktionen bewerben. Das schafft Nähe, stärkt die Markenbindung und erhöht die Weiterempfehlungsrate.

Ein Kunde hinterlässt eine negative Online-Bewertung.

Wie sollte der Betrieb reagieren?

Eine schnelle, sachliche und lösungsorientierte Antwort zeigt Professionalität. Indem das Anliegen ernst genommen und eine faire Lösung angeboten wird, können Vertrauen zurückgewonnen und weitere negative Auswirkungen reduziert werden.

Welche Rolle spielen Online-Werbekampagnen im Marketing-Mix eines Kfz-Betriebs?

Gezielte Kampagnen über Google Ads oder Social Media erlauben eine präzise Zielgruppenansprache und flexible Budgetsteuerung. Sie ergänzen klassische Maßnahmen und unterstützen insbesondere bei Neukundengewinnung und Imageaufbau.

Welche Hauptziele verfolgt die Investitionsrechnung?

Sie dient dazu, die Wirtschaftlichkeit, Rentabilität und Liquiditätswirkung von Investitionen zu prüfen. Dadurch können fundierte Entscheidungen getroffen werden, ob ein Projekt dem Betrieb langfristig Nutzen bringt oder nicht.

Ein Betrieb plant die Anschaffung eines neuen Diagnosegeräts.

Wie könnte er die Vorteilhaftigkeit
mit statischen Verfahren prüfen?

Mithilfe von Kostenvergleichsrechnung, Gewinnvergleichsrechnung oder Rentabilitätsrechnung lässt sich ermitteln, ob die Anschaffung gegenüber der bisherigen Lösung wirtschaftliche Vorteile bietet. Diese Verfahren sind praxisnah, jedoch eher grob vereinfachend.

Welche Vorteile bietet die dynamische Investitionsrechnung gegenüber statischen Verfahren?

Dynamische Verfahren wie Kapitalwertmethode, interne Zinsfußmethode oder Annuitätenmethode berücksichtigen den Zeitwert des Geldes. Dadurch lassen sich zukünftige Zahlungsströme realistisch bewerten und langfristige Entscheidungen besser absichern.

Ein Werkstattinhaber überlegt, eine neue Hebebühne zu kaufen.

Worauf achtet er bei der Amortisationsrechnung?

Er vergleicht die Anschaffungsausgaben mit den jährlich erzielten Rückflüssen. Das Ergebnis zeigt, nach welcher Zeit die Investition durch Einsparungen oder zusätzliche Einnahmen gedeckt ist.
So liegt eine praxisnahe Kennzahl für das Investitionsrisiko vor.

Welche Rolle spielt das Risiko bei Investitionsentscheidungen?

Investitionen sind stets mit Unsicherheiten bezüglich Nachfrage, Kostenentwicklung und technologischem Wandel verbunden. Deshalb werden Szenarioanalysen, Sensitivitätsrechnungen oder Risikozuschläge genutzt, um fundierte Entscheidungen trotz Unsicherheit treffen zu können.

Welche Merkmale kennzeichnen einen klassischen Bankkredit?

Ein Bankkredit bietet dem Betrieb fremdfinanzierte Liquidität gegen Zinsen und Tilgung. Er zeichnet sich durch feste Laufzeiten, klar definierte Rückzahlungsmodalitäten und vertragliche Sicherheiten aus. Vorteil ist die hohe Flexibilität beim Einsatz der Mittel.

Ein Werkstattinhaber überlegt, ob er eine neue Lackieranlage kaufen oder leasen soll.

Welche Überlegungen spielen hier eine Rolle?

Leasing bietet den Vorteil einer geringeren Kapitalbindung und planbaren Raten, während Kauf höhere Anfangsausgaben, aber Eigentum und langfristige Nutzung bedeutet. Die Entscheidung hängt von Liquidität, steuerlichen Aspekten und der geplanten Nutzungsdauer ab.

Welche Besonderheit hat Factoring im Vergleich zu Kreditfinanzierungen?

Beim Factoring verkauft der Betrieb seine Forderungen an einen Finanzdienstleister. Dadurch erhält er sofortige Liquidität, verbessert seine Bilanzkennzahlen und reduziert das Ausfallrisiko. Gleichzeitig entstehen jedoch Kosten durch Gebühren und Abschläge.

Ein Kfz-Betrieb nutzt Leasing für seine Firmenfahrzeuge.

Welche Risiken können dabei entstehen?

Risiken bestehen in vertraglicher Bindung, eingeschränkter Flexibilität und möglichen Mehrkosten bei übermäßiger Abnutzung oder Laufzeitänderungen.

Zudem verbleibt das Eigentum beim Leasinggeber, was den Betrieb von dessen Konditionen abhängig macht.

Ein Kfz-Betrieb möchte einen Kredit aufnehmen.

Welche Rolle spielt die Kapitaldienstfähigkeit bei der Kreditprüfung durch die Bank?

Banken prüfen, ob die zukünftigen Zahlungsströme des Betriebs ausreichen, um Zinsen und Tilgung zu leisten. Nur wenn die Kapitaldienstfähigkeit nachweisbar ist, wird die Kreditvergabe als tragfähig eingestuft und das Ausfallrisiko minimiert.

Welche Kennzahl wird häufig zur Beurteilung der Kapitaldienstfähigkeit herangezogen?

Üblich ist die Kapitaldienstdeckungszahl (KDDZ). Sie ergibt sich aus dem Verhältnis von frei verfügbarem Cashflow zu Kapitaldienst. Ein Wert größer 1 zeigt, dass genügend Mittel vorhanden sind, um alle Verpflichtungen sicher zu bedienen.

Welche Kriterien sind bei der Wahl zwischen Kredit, Leasing und Factoring entscheidend?

Maßgeblich sind Liquiditätslage, Investitionszweck, steuerliche Effekte und Risikobereitschaft. Während Kredite größere Gestaltungsfreiheit bieten, sorgt Leasing für Flexibilität bei der Nutzung von Gütern, und Factoring verbessert unmittelbar die Liquidität.

Was versteht man unter Kapitaldienst?

Der Kapitaldienst umfasst sämtliche Zahlungsverpflichtungen eines Unternehmens aus Krediten, also Zins- und Tilgungsleistungen.
Er zeigt, ob der Betrieb in der Lage ist, bestehende Verbindlichkeiten aus laufenden Einnahmen zuverlässig zu bedienen.

Ein Unternehmer möchte mehrere Investitionen gleichzeitig umsetzen.

Warum ist hier eine präzise Kapitaldienstplanung unverzichtbar?

Ohne genaue Planung besteht die Gefahr einer Überlastung der Liquidität. Die Kapitaldienstplanung ermöglicht es, Tilgungspläne aufeinander abzustimmen, Engpässe frühzeitig zu erkennen und Investitionen realistisch zu priorisieren.

Welche Maßnahmen helfen, eine stabile Kapitaldienstfähigkeit sicherzustellen?

Hilfreich sind eine realistische Finanzplanung, Bildung von Liquiditätsreserven und die Anpassung der Kreditlaufzeiten an den Mittelzufluss. Ergänzend kann eine Diversifizierung der Finanzierungsquellen das Risiko einer Zahlungsunfähigkeit reduzieren.

Welche Bedeutung haben Fördermittel für kleine und mittelständische Kfz-Betriebe?

Fördermittel bieten die Chance, Investitionen zu erleichtern und Innovationsprojekte anzustoßen, die aus eigener Kraft schwer finanzierbar wären. Sie verbessern die Liquidität und stärken die Wettbewerbsfähigkeit durch geringere Finanzierungskosten.

Ein Werkstattinhaber plant den Bau einer energieeffizienten Lackierkabine.

Welche Förderprogramme kommen in Betracht?

In Frage kommen KfW-Programme zur Energieeffizienz, Landesförderungen oder Zuschüsse der BAFA. Diese Programme reduzieren die Investitionslast und unterstützen Maßnahmen, die sowohl ökologischen als auch ökonomischen Nutzen schaffen.

Welche Voraussetzungen müssen in der Regel erfüllt sein, um Fördermittel zu erhalten?

Üblich sind eine nachvollziehbare Investitionsplanung, Bonität des Unternehmens, Einhaltung rechtlicher Vorgaben und ein formgerechter Antrag. Häufig müssen Maßnahmen zudem vor Antragstellung noch nicht begonnen sein, um förderfähig zu bleiben.

Ein Betrieb möchte seine Finanzierung durch Bürgschaften absichern.

Welche Vorteile bringt das?

Bürgschaften von Bürgschaftsbanken oder Förderinstituten erleichtern den Zugang zu Krediten, wenn Sicherheiten fehlen. Sie senken das Risiko für die Bank und verbessern damit die Chancen auf eine Kreditzusage zu günstigeren Konditionen.